Alfred Groff & Roswitha Möller

AF280708

Lebenskreise-Karten

Auf dem Pfad der Mensch-Werdung

Bibliografische Information der Deutschen Nationalbibliothek.
Die Deutsche Nationalbibliothek verzeichnet diese Publikation
in der Deutschen Nationalbibliografie; detaillierte bibliografische
Daten sind im Internet über www.dnb.dnb.de abrufbar.

ISBN 978-3-7693-9938-7

© 2025 **Alfred Groff** & **Roswitha Möller**

Verlag: BoD · Books on Demand GmbH,
In de Tarpen 42, 22848 Norderstedt, bod@bod.de

Druck: Libri Plureos GmbH,
Friedensallee 273, 22763 Hamburg

Herausgeber:

MTK a.s.b.l. (www.mtk.lu)
(Luxemburger Gesellschaft für Transpersonale Psychologie)

ID a.s.b.l. (www.demokratie.lu)
(Initiative zur Erweiterung der Demokratie - Luxemburg)

INHALTSVERZEICHNIS

Roswitha Möller
Wie entstehen die Mandalas für meine Jahreskalender und die Lebenskreiskarten?

Das Foto auf der linken Seite zeigt die Blüte des Gurkenkrautes. Durch Auswahl eines Blütenausschnittes (rotes Quadrat), drehen und spiegeln desselben, entsteht in ca.15 Arbeitsschritten das rechte Mandala.

Links sind zwei Seiten meines Mandalameditations-Kalenders von 2025 zu sehen, unten 2 Spiegelfotos, eines entstanden aus Blüten, das Zweite aus einem Feuerfoto, welche ich für weitere Kalender erstellt habe.

Alfred Groff

Mensch-Werdung

Psycho-Spiritueller Roman

Alfred Groff

Randy, Beer & Rock 'n' Roses

A novel about sensation, consciousness, creativity and spiritual embeddedness

Die MANDALAS

Das Fotografieren von Bäumen, Pflanzen und Blüten und aus diesen Fotos anschließend Spiegelfotos oder Mandalas zu kreieren (www.farngarten.de/kalender.html), ist neben dem Gärtnern eine meiner großen Leidenschaften. So entstanden auch die **Kartenmandalas**, die in diesem Buch als **innere Lebenskreise** gezeigt werden.

Roswitha Möller
E-Mail: witshora@gmx.de

Der TEXT

Die Hauptkarten basieren auf dem Modell des „**Fünf-Wege-Pfades der Menschwerdung**", das im dritten Abschnitt des Psycho-Spirituellen Romanes „**MENSCH-WERDUNG**" vorgestellt wird.
(Alfred Groff, 2024, ISBN 978-3-7597-4986-4)

Die gleiche Basis hat der Roman in Englischer Sprache „**Randy, Beer and Rock 'n' Roses: A novel about sensation, consciousness, creativity and spiritual embeddedness**".
(Alfred Groff, 2024, ISBN 978-3-7583-1396-7)

Die Nebenkarten basieren auf dem Konzept der 12 Tierkreiszeichen in jeweils einem der vier Elemente Luft, Wasser, Feuer, Erde. Die Hauptkarten stehen in Zusammenhang mit dem Äther als Quintessenz, dem fünften Element.

Alfred Groff
www.alfredgroff.com

Kartenspiel mit kreativen Kombinationsmöglichkeiten

Rot
Feuer
Wille
Bedürfnisse

Gelb
Luft
Gedanken
Fähigkeiten

Blau
Wasser
Gefühle
Beziehungen

Grün
Erde
Sinne
Taten

SINN und ZWECK der KARTEN

Welchen Nutzen haben die Karten? Nicht für Wahrsagerei, wo jemand anderes dir sagt, was du erlebst, erleben wirst oder was du tun sollst, sondern …

DU HAST EINE KONKRETE FRAGE. Aus deinem Beziehungsleben (Partner, Kinder, Familie, Freunde), deinem Berufsleben oder sonst eine Frage, die dich beschäftigt. Wichtig ist, dass sie dich persönlich betrifft. Ja-Nein-Fragen sind nicht sinnvoll. Von Fragen über nicht anwesende Personen ist abzuraten, weil sie energetisch nicht vor Ort sind und es ein Eingriff in ihre Privatsphäre bedeuten kann. Je konkreter die Frage ist, desto größer ist die Chance, dass auch die Antwort klar sein wird. Lange Fragen, die allzu viele Möglichkeiten beinhalten, werden wahrscheinlich sehr vage vieldeutige Antworten erbringen. Die Elemente Luft, Wasser, Feuer und Erde, die in den Karten vorkommen, verraten dir mit welchen Energien du es zu tun hast. Die Karten sagen dir, welche Themen dir wahrscheinlich begegnen werden.

Welche Handlung ist nun sinnvoll und angebracht, nachdem du eine oder mehrere Karten gezogen hast? Wie in der Astrologie sind die Energien an sich immer neutral. Du kannst also keine „schlechten" oder „negativen" Karten ziehen. Die Frage ist vielmehr, wie du die vorhandenen Energien nutzt. Es gibt immer eine mögliche leichtere und eine schwierigere Variante der Deutung, wobei gewöhnlich erstere angenehmer und die andere mühevoller, anstrengender, arbeitsintensiver sein kann. Aber gerade die zweite Variante wird dich in deiner Entwicklung vermutlich weiter voranbringen. Du kannst auch ein Glas als halb voll oder als halb leer betrachten. Es ist deine Freiheit, deine Wahl. Willst du das Positive sehen oder lieber leiden und jammern? Alle Reaktionen und Antworten, die die Karten in dir auslösen, kommen von dir, oft aus deinen unbewussten Anteilen.

Wenn du also eine klare Frage hast, ziehst du eine oder mehrere Karten. Vielleicht benutzt du auch eines der vielen klassischen Legemuster oder du ersinnst dein eigenes, das deiner Frage am besten dient. Die Karten triggern dich, weil du auf Farben, Formen, Themen und Motive reagierst. Und diese Reaktionen kommen aus dir, du bist also im Prozess an deiner Frage zu arbeiten. Es ist sinnvoll, dir genügend Zeit zu nehmen, um deine persönlichen Reaktionen (Gedanken, Gefühle, Bedeutungen) auf die Karte(n) innerlich wirken zu lassen, bevor du die Anregungen im Buch liest. Deine Reaktionen zu notieren kann ebenfalls hilfreich sein.

Benutzt du die Karten in Anwesenheit von anderen Menschen können auch diese dir sagen, welche Assoziationen sie zu der (den) Karte(n) haben. Das kann einen Aha-Effekt auslösen, deine gefundenen Antworten ergänzen und Teil deiner Antwort werden oder aber es betrifft dich nicht, weil es mit deinen Themen nichts zu tun hat. Das musst du selbst erfühlen. Sinnvoll ist, dir ein Foto der gezogenen Karten zu machen, dann kannst du dich in den nächsten Tagen weiter davon anregen lassen. Die Karten an sich tun gar nichts, sondern du arbeitest mit dem, was sie in dir auslösen.

Ideal ist es, wenn du die Karten in Ruhe auf dich wirken lässt und beobachtest was aus dir hochkommt, du dann die Inputs von anderen Anwesenden anhörst und schlussendlich die Erläuterungen aus dem Buch oder noch besser eines kartenkundigen Begleiters zu Rate ziehst.

Die an die Karten gestellte Frage kannst du auch gerne vor dem Einschlafen an dein Unter- oder Überbewusstsein stellen. Möglicherweise erhältst du beim Aufwachen weitere nützliche Informationen zu deinem Thema.

Die Karten können auch ein Hilfsmittel auf deinem inneren psychospirituellen und transpersonalen Entwicklungsweg sein. Den Weg musst du jedoch selbst gehen bzw. dir erarbeiten, denn es geht dabei um deine persönliche Bewusstseinserweiterung. Die Karten bieten an, neue Möglichkeiten zu sehen, die deine Lebens- und Sinnfragen betreffen. Dies vergrößert die Freiheit Wege zu finden, die deinem wahren Willen entsprechen. Man könnte auch sagen zur echten **MENSCH-WERDUNG**, dem Menschen den du als Potential auf diese Welt mitgebracht hast und der oft überlagert wurde von einer manipulativen Erziehung von Elternhaus, Schule, Kirchen, Gesellschaft oder der Werbung. Es ist also auch ein Befreiungsweg.

Der Philosoph Georg Gurdjieff sagte einmal, dass Menschen, die ihre Potentiale der Mensch-Werdung nicht entwickeln, nur als „Futter für den Mond" bestimmt sind. So extrem muss es ja nicht kommen, aber ich glaube du verstehst, wie er das meinte.

Der Willensweg spielt dabei eine wichtige Rolle: „Tu was DU wirklich willst!" oder „Lebe DEIN Leben!"

Zu oft hört und liest man „Denken, Fühlen und Tun". Der Wille wird also ignoriert. Und dies aus gutem Grund. Man will dir sagen, was du zu wollen hast, was angeblich gut für dich ist und dadurch Macht über dich gewinnen oder auch nur Geld erwirtschaften. Vergiss nicht, dass es in einem kapitalistischen System um die Vermehrung von Kapital geht (BIP), nicht um das Wohl der Menschen (BNG), auch wenn uns das oft vorgegaukelt wird. Denken, Fühlen und Wollen (Motivation) sind psychische Variablen, das Tun hat mit dem körperlich-materiellen Sein zu tun und läuft somit auf einer anderen Ebene ab.

„Multiperspektivische integrale Wandlungsprozesse und der Sprung vom unbewussten Reagieren zum bewussten Agieren können nur gelingen, wenn der Wille den rechten Platz einnimmt. Denken – Fühlen – Wollen gehören zusammen, das heißt, sie wirken ergänzend auf der seelischen Ebene. Und doch hört man meist Denken – Fühlen – Tun. Das Tun gehört aber auf eine andere Ebene als die seelische, nämlich auf eine äußere, konkrete. Wenn wir vom Denken und

Fühlen direkt zur Tat schreiten, lassen wir den bewussten Willen außen vor. Das passt dem kapitalistischen Wirtschaftssystem in den Kram. Wir sollen keinen freien eigenen Willen entwickeln, sondern unseren Willen von der Werbung manipulieren, besser noch ersetzen lassen. Der Markt weiß, was wir wollen! Und das ist immer eine Art von Konsum. Wir kennen die Folgen für Mensch und Natur.“ (Mensch-Werdung, Seite 578)

„Nur durch die Hinzunahme des freien Wollens, des Willens wird der Mensch zum bewusst Handelnden, zum wahren Menschen. In dem Fall ist er mehr als ein reaktiver Konsument oder, gar schlimmer, ein unbewusst handelndes mechanisches Geschöpf. Das möchten vielleicht die Wirtschaft und die Politik, damit sie Geld machen und Macht ausüben können. Denn sie brauchen ‚unfreie‘, gar frustrierte und ängstliche Mitläufer.“ (Mensch-Werdung, Seite 603)

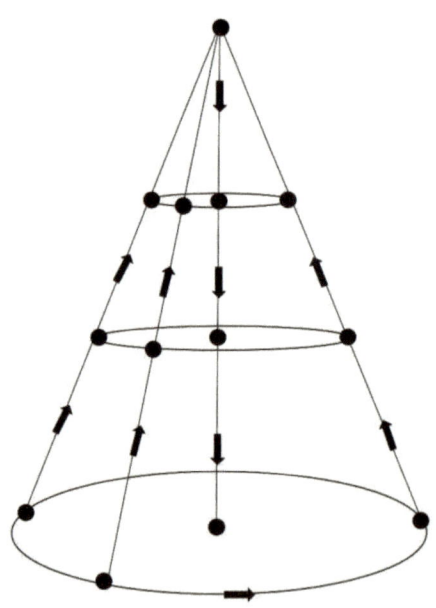

Der FÜNF-WEGE-PFAD: die HAUPTKARTEN

Der „*Fünf-Wege-Pfad*" ist eine psycho-spirituelle oder transpersonale Methode der Selbstentwicklung hin zu deinem wahren Selbst. Wie soll dieser Lebens-Pfad aussehen?

Der Pfad besteht aus 5 Wegen, steigt 4 Ebenen hinauf und beinhaltet 6 Entwicklungs-Ziele. 5+4+6=15, deshalb 15 HAUPTKARTEN & die Narrenkarte („Joker") = 16. Er wird ausführlich dargestellt im Roman „Mensch-Werdung" (siehe Seite 4/5) und bildlich anhand der Graphiken auf Seite 12.

ZU DEN WEGEN

Ohne innere Entwicklungsarbeit ist der 1. Weg oft der übliche Alltagsweg, der Weg des Funktionierens, des Handelns aus purer instinktiver Lust oder des reaktiven, mechanischen und unbewussten Handelns, meist aus reiner Gewohnheit (extrinsische Motivation).

Wenn du zu mehr Bewusstsein gelangen willst, kannst du den 2. Weg, den Weg des Denkens, den 3. Weg, den Weg des Fühlens und den 4. Weg gehen, den Weg des Willens. Je nach Weg mag dein Fortschritt ein anderer sein, aber alle drei sind gleich wichtig. Du darfst keinen auslassen, wenn du zu einem höheren Bewusstsein gelangen willst und somit in Zukunft den 1. Weg selbstbestimmter und freier gehen kannst.

Je mehr du auf den drei Entwicklungs-Wegen fortschreitest, sie dir erarbeitest, desto mehr wird der 5. Weg dir vom Leben, oder nenne es dem Universum oder „Gott", geschenkt. Dies ist der Weg der Liebe. Wenn dein wahrer Wille mit dem Willen des größeren Ganzen, von dem du ein kleiner Teil bist, in Einklang steht, dann fließen dir alle nötigen Energien, Informationen, Licht oder was du sonst als

Unterstützung brauchst zu. Und somit kannst du im Alltag bewusstere Taten in die Welt setzen. Der 1. Weg hat sich dann vom Funktionieren hin zum liebevollen Handeln verändert. Es hat eine Transformation stattgefunden. Statt reaktiv zu funktionieren kannst du jetzt selbstbestimmt aktiv werden.

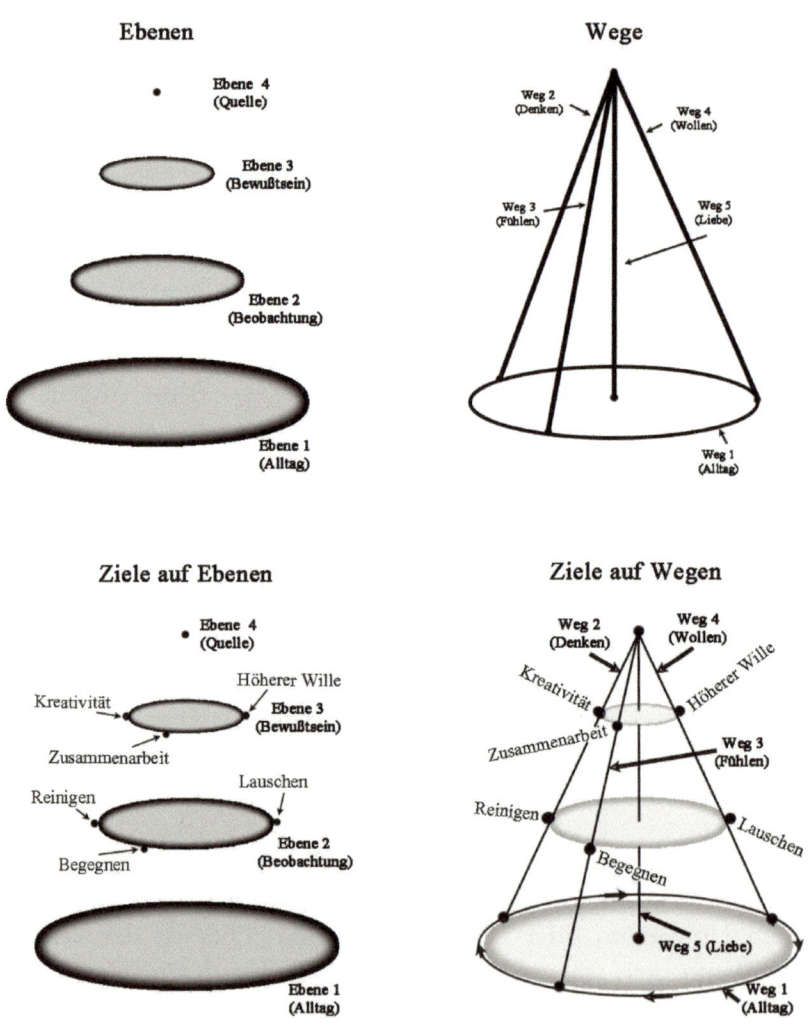

Zu den EBENEN und ENTWICKLUNGS-ZIELEN

<u>Ebene 1</u>, die ALLTAGSebene der körperlich-materiellen Realität, ist die Ebene des 1. Weges, der oben beschrieben wurde.

<u>Ebene 2</u> ist die des BEOBACHTERS auf dem 2. (Denken), dem 3. (Fühlen) und dem 4. Weg (Wollen) mit den <u>Zwischenzielen</u>: *„Reinigen"* (2. Weg), *„Begegnen"* (3. Weg) und *„Lauschen"* auf den inneren wahren Willen und den Höheren Willen, den wahren Lebenssinn (4. Weg). Diese zweite Ebene zeigt dir vermehrt Möglichkeiten an und erhöht somit deine Wahlfreiheit.

<u>Ebene 3</u> ist die Ebene des HÖHEREN BEWUSSTSEINs mit den <u>Zielen</u>: *„Kreativität"* (2. Weg), *„Kooperation"* (3. Weg) und *„Höherer Wille"* (4. Weg).

<u>Ebene 4</u> ist als Mensch nicht erreichbar, es ist die Ebene des Absoluten Seins, die Ebene der QUELLE von Allem. Du entspringst dieser Quelle, wirst aber nie zu dieser Quelle oder in anderen Worten: Du magst göttlich sein, „Gott" wirst du nie sein.

Folgende Tabelle aus dem Buch „Ich bin" Tetranthropos, der bewusste Mensch" von 2012 (ISBN 978-3-8482-2587-3 / Seite 242) wurde aus einer neuen Perspektive um einige Begriffe erweitert. Sie ermöglicht es, über die vorhandenen Begriffe zu „meditieren" und so den Hintergrund des Kartenspiels besser zu verstehen.

Seele/Psyche			Körper
Denken	**Fühlen**	**Wollen/Motivation**	**Tun**
Kopf	Herz	Bauch/Hara	Gliedmaßen
Fähigkeiten	Beziehungen	Bedürfnisse	Gaben
der individuelle Künstler	das Soziale	der Sinn	Tiefenökologie
Kultur/Geistesleben	Staat/Recht	Wirtschaft	Natur
Element Luft	Element Wasser	Element Feuer	Element Erde
Farbe gelb (Sonne)	Farbe blau (Wasser)	Farbe rot (Feuer)	Farbe grün (Wald/Wiese)
FREIHEITsideal	GLEICHHEITsideal	SOLIDARITÄTsideal	NACHHALTIGKEITsideal

ERGÄNZUNGEN zum FÜNF-WEGE-PFAD

Willst du dich zu deinem wahren Selbst entwickeln? Dann arbeite an dir selbst. Lerne, bewusst, kreativ, kooperativ, sinnvoll und liebend zu sein.

KARTE 1 ist die Narrenkarte. Sie hält dir den Spiegel vor und zeigt dir, welche Rollen du spielst und welcher Mensch sich dahinter versteckt.

Der Fünf-Wege-Pfad wird dich von Ebene 1 zu höheren Ebenen führen.

EBENE 1 IST DIE EBENE DES KÖRPERS: **KARTE 2.**

Auf dieser Ebene bist du vielleicht im Alltagsgeschehen in einem langweiligen oder stressigen Kreislauf gefangen, wo intrinsische Motivation kaum eine Rolle spielt - du reagierst dann meist auf eine unbewusste Art und Weise.
Das Ziel des Fünf-Wege-Pfades ist es, in Zukunft auf dieser Ebene BEWUSSTER in einer LIEBENDEN WEISE zu HANDELN.

EBENE 2 IST DIE EBENE DER SEELE.

Für diese Ebene steht **KARTE 3**.

Beobachte deinen Körper, deine Taten, deine Gedanken, deine Gefühle, deinen Willen. Beobachte und sei dir deines Seinszustandes auf allen Ebenen bewusst. Selbsterkenntnis kann stattfinden. Du wirst neue Möglichkeiten entdecken und mehr Entscheidungsfreiheit haben.

EBENE 3 IST DIE EBENE DES GEISTES: **KARTE 4**.

Wenn du hier angelangt bist, bist du in einem Zustand höheren Bewusstseins. Dein Selbstwertgefühl nimmt zu.

EBENE 4 – DAS ABSOLUTE, DIE QUELLE von allem und jedem, manche nennen es „Gott": **KARTE 5**

Jetzt wirst du dich vielleicht fragen: Aber wie kann ich mich weiterentwickeln von Ebene 1, wo der 1. WEG - **KARTE 6** - oft als Kreislauf der Alltagsmuster oder gar als Teufelskreis erlebt wird (Instinkten ausgeliefert, reaktives Agieren, materialistische Sicht des Lebens, Handeln aus Gewohnheit, mechanisches Tun), zu Ebene 2 und dann zu Ebene 3?

Es gibt drei Wege, die du gleichzeitig gehen musst!
Da sich die Entwicklung der Seele auch in deinen Gedanken, deinen Gefühlen und deinem Willen abspielt, musst du an diesen drei Dimensionen arbeiten, die hier genannt werden

2. WEG - der Weg des Denkens: **KARTE 7**,
3. WEG - der Weg des Fühlens: **KARTE 8** und
4. WEG - der Weg des Wollens: **KARTE 9**.

Die Ausgangspunkte können für jeden dieser Wege unterschiedlich sein, abhängig von deinen bisherigen Erfahrungen.

DER FÜNF-WEGE-PFAD, der WEG der MENSCHWERDUNG

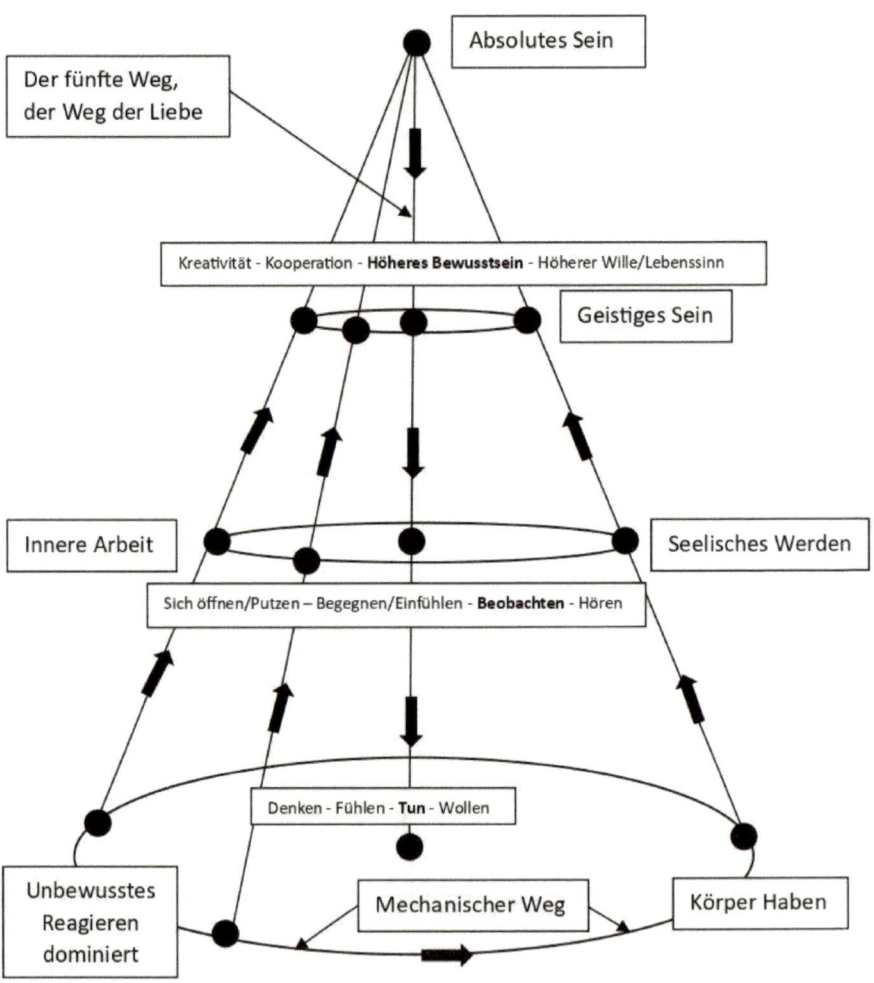

Absolutes Sein

Der fünfte Weg,
der Weg der Liebe

Kreativität - Kooperation - **Höheres Bewusstsein** - Höherer Wille/Lebenssinn

Geistiges Sein

Innere Arbeit

Seelisches Werden

Sich öffnen/Putzen – Begegnen/Einfühlen - **Beobachten** - Hören

Denken - Fühlen - **Tun** - Wollen

Unbewusstes
Reagieren
dominiert

Mechanischer Weg

Körper Haben

Der 5. WEG ist ein Geschenk des Universums, der Quelle, sei es Liebe, Licht, Energie, Information usw. - **KARTE 10**

Schauen wir uns jetzt noch den 2., 3. und 4. Weg genauer an:

2. WEG - DER WEG DES DENKENS,
bezogen auf den Kopf, das Element Luft, die Farbe Gelb.

Von der REINIGUNG - **KARTE 11** - zur KREATIVITÄT - **KARTE 12** -.

Welche Themen trägst du ständig in dir, die nicht wirklich deine sind?
- Glaubenssätze, die andere direkt oder indirekt durch sanfte Manipulation wie Werbung in dich hineingestopft haben.
- Viele Erwartungen von Eltern, Familie, Freunden, der Gesellschaft, dem Staat, der Kirche, der Wirtschaft ....
- Ziele, die nicht wirklich deine sind.
- Ängste, Schuldgefühle und Wut aufgrund von Projektionen.
- Abhängigkeit von der Liebe anderer anstelle von Selbstwertgefühl.
- Sehnsucht nach Geld, schönen Autos und der neuesten Mode, die keine wirkliche Befriedigung bringen.

Das Motto ist: REINIGEN und ENTRÜMPELUNG:
LOSWERDEN von allem UNNÖTIGEN PSYCHOMÜLL.
So schaffst du den Raum für KREATIVE IMAGINATION, IN-SPIRATIONEN und INTUITIONEN.

Du kannst nun ein Künstler im Sinne von Joseph Beuys sein: „Jeder Mensch ist ein Künstler".
Jeder Mensch hat einzigartige Fähigkeiten, ein individuelles Potential - „Erinnere dich an dich selbst", wie Georges Gurdjieff zu sagen pflegte.

TANZE DREI WEGE – Der FÜNFTE WEG als GESCHENK

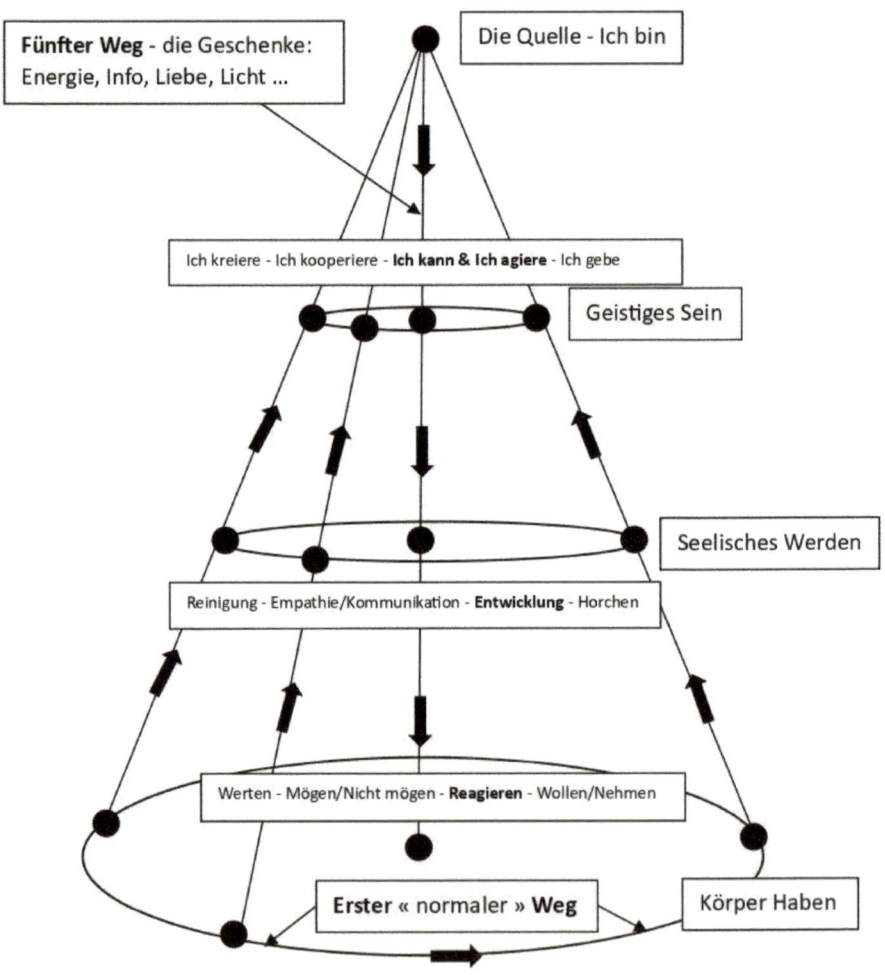

Fünfter Weg - die Geschenke: Energie, Info, Liebe, Licht ...

Die Quelle - Ich bin

Ich kreiere - Ich kooperiere - **Ich kann & Ich agiere** - Ich gebe

Geistiges Sein

Reinigung - Empathie/Kommunikation - **Entwicklung** - Horchen

Seelisches Werden

Werten - Mögen/Nicht mögen - **Reagieren** - Wollen/Nehmen

Erster « normaler » Weg

Körper Haben

3. WEG - DER WEG DES FÜHLENS,
bezogen auf das Herz, das Element Wasser, die Farbe Blau

Von <u>BEGEGNUNGEN</u> - **KARTE 13** - zur <u>ZUSAMMENARBEIT</u>
- **KARTE 14** -.

Der Mensch lernt und entwickelt sich durch Begegnungen mit anderen Menschen.
Suchst du neue Begegnungen?
Bist du offen für Fremde und deren unterschiedliche Sichtweisen und Kulturen? - eine Möglichkeit, dein Wissen zu erweitern!
Die Umwelt kann dich manchmal dazu drängen, andere Überzeugungen auszuschließen, sie erzeugt Ängste in dir - warum? Vielleicht, um dich noch besser manipulieren zu können.
Unser Wirtschaftssystem und seine kapitalistische Kultur fordert uns auf, immer besser zu sein als andere - und lockt uns mit Geld und Ruhm.

Das Motto auf dem Weg des Fühlens: KOOPERIEREN – ZUSAMMENARBEITEN.
Zum Wohle einer großen Mehrheit.
Anstelle von hinderlichen Hierarchien und unnötiger Besserwisserei probiere Techniken, wie den Bohm-Dialog, die Theorie U, die Techniken der Evolutionären Organisationen, wie sie von Frederic Laloux und vielen anderen beschrieben werden.
Dies ermöglicht es dir, für eine Wirtschaft zum GEMEINSAMEN WOHL zu arbeiten, ermöglicht es dir, ein Künstler zu sein, der für eine „SOZIALE PLASTIK" der Zukunft arbeitet.

4. WEG - DER WEG DES WOLLENS,
bezogen auf das Hara, ein japanisches Wort für das Energiezentrum des Unterbauches, das Element Feuer, die Farbe Rot.

Vom <u>LAUSCHEN</u> - **KARTE 15** - zum <u>HÖHEREN WILLEN</u>: -
KARTE 16 - und einem SINNvollen LEBEN.

Der Weg vom instinktiven Wollen oder Wollen aus Langeweile oder Frustration zum individuellen Willen und dann hinauf zum höheren Willen.

Der wahre Sinn deines Lebens wartet auf dich - er hängt oft mit deinen bekannten oder verborgenen Talenten zusammen!

Was waren deine Träume, als du jung warst?

Was sind die Möglichkeiten, nach denen du dich gesehnt hast, die du aber aus vielen Gründen und mit unzähligen Rechtfertigungen und Ausreden nie verwirklicht hast?

Was würdest du gerne in der Zukunft verwirklichen?

HÖR ZU - DIE ZUKUNFT RUFT!

HÖRE IN DICH HINEIN!

Du bist ein Teil des Universums.

Du bist eine Zelle eines riesigen Organismus.

Was dem Universum schadet, schadet dir!

Was dem Universum dient, dient dir.

HÖR ZU!

IST DEIN WILLE IM EINKLANG MIT DEM HÖHEREN WILLEN?

Reiche den universellen Energien die Hand und mach dich auf den Weg! Wenn du in Harmonie mit den universellen Kräften bist, wirst du leicht alle Energien, alles Licht, alle Informationen und alle Liebe bekommen, die du brauchst.

Lasse den LIEBESFLUSS geschehen!

Der 5. WEG ist der WEG der LIEBE -
des Lichtes, der Information, der Energie usw.

ES WIRD ZU DIR FLIESSEN ALS EIN GESCHENK im Einklang mit deinem Fortschritt. Sei dankbar und voller Freude. Du bist jetzt in der Lage VERANTWORTUNGSBEWUSST zu ARBEITEN und BEWUSST auf Ebene 1 zu HANDELN - auf dem Weg des KÖRPERS - in einer liebevollen Art und Weise. Der Pfad wird zur Spirale, die dich hinaufführt auf die höheren Ebenen und wieder hinunter in den Alltag, wohin du die geernteten Früchte deiner Arbeit mitbringst.

Das ist nicht immer einfach, aber die Schleife der Alltagsroutinen vom 1. Weg wird dann zu einem Weg in eine sinnvolle ZUKUNFT für dich. Je mehr du auf dem 2., 3. und 4. Weg vorankommst, desto mehr wirst du den Nutzen und die Befriedigung deiner Arbeit auf Ebene 1, auf dem 1. Weg erleben.

ZUR ERINNERUNG:

A. Beginne mit der SELBSTBEOBACHTUNG:
   ENTRÜMPLE - BEGEGNE und HORCHE auf Ebene 2.

B. Dann ENTWICKELE und TRANSFORMIERE DICH auf der Ebene 3 - ERHÖHE das BEWUSSTSEIN:
   SEI KREATIV, KOOPERIERE und DIENE dem HÖHEREN WILLEN.

C. Nun kannst du auf Ebene 1 der BEWUSSTE und SINNvolle LIEBESFLUSS IN AKTION sein.

Man kann sich das „Fünf-Wege-Pfad-Modell" visuell als Kegel vorstellen. Der unbewusste, mechanische 1. Weg ist dessen Basis. Die Entwicklungs-Wege (2., 3. und 4. Weg) führen entlang der Seiten nach oben und der 5. Weg, der Liebes-Weg ist die Axe des Kegels. Aus der Mitte der Basis des Kegels kann letzterer helfen den 1.Weg bewusster und liebevoller zu gehen. Ebene 1 ist die Basis und Ebene 4 die Spitze des Kegels. Ebene 2 mit den Zielen „Reinigen" (2. Weg), „Begegnen" (3. Weg) und „Lauschen" (4. Weg) und Ebene 3 mit den Zielen „Kreativität" (2. Weg), „Kooperation" (3. Weg) und „Höherer Wille" (4. Weg) liegen auf 1/3 bzw. 2/3 der Höhe des Kegels.

DIE MANDALAS („Lebens-Kreise") im Zentrum der NEBEN-KARTEN stehen für dein „**INNENLEBEN**", für Denken, Fühlen, Wollen und körperliches Spüren, jeweils als aufkeimender Impuls, als andauernder Prozess oder als abschließende Erkenntnis.

Die NEBENKARTEN

Die <u>48 (4x12) Nebenkarten</u> sind eingeteilt in vier Kategorien:

° <u>Fähigkeits-Karten</u> (Element Luft),
° <u>Beziehungs-Karten</u> (Element Wasser),
° <u>Bedürfnis-Karten</u> (Element Feuer) und
° <u>Gabe/Taten-Karten</u> (Element Erde).

Auf jeder Nebenkarte befindet sich in der Mitte ein Mandala. Die <u>Farbe um die Mandalas</u>, die äußere Umrandung, entspricht den vier genannten Elementen (gelb, blau, rot, grün). Es geht um das <u>Außenleben</u>, in dem du deine Fähigkeiten schulst und anwendest, deine Beziehungen lebst, die meisten Bedürfnisse erfüllst und deine Gaben herschenkst.

Jeweils zwölf innere <u>Mandalas</u> in den genannten Kategorien entsprechen den zwölf Tierkreiszeichen, also den vier Elementen in drei verschiedenen Qualitäten: kardinal, fix, veränderlich. Diese Karten entsprechen größtenteils dem <u>Innenleben</u> und seinen Aktionen. Die Qualitäten werden hier in veränderter Form angewendet, nämlich als

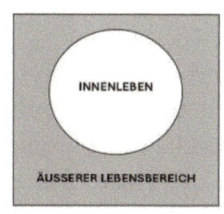

° <u>Impuls</u> (etwas Neues),
° <u>Prozess</u> (etwas Andauerndes) und
° <u>Erkenntnis</u> (etwas Abschließendes).

Die „kardinalen" Karten sind heller gehalten, sie entspringen einem neuen Impuls (erster Anstoß). Die „fixen" Karten sind in der jeweiligen satten Farbe gestaltet und entsprechen dem aus dem Impuls erfolgten Prozess (Ausdauer). Die „veränderlichen" Karten sind dunkler und entsprechen dem Abschluss des Prozesses (Flexibilität und Vielseitigkeit), also der jeweiligen psychischen oder seelischen

23

Erkenntnis auf der Ebene des

° Denkens (Luftzeichen),
° seelisch-emotionales Fühlens (Wasserzeichen),
° Wollens (Feuerzeichen) oder
° körperlichen Spürens (Erdzeichen).

DIE ÄUSSERE FARBE DER NEBENKARTEN

Auf welchen **ÄUSSEREN LEBENSBEREICH** soll ich mich konzentrieren?

° 12 FÄHIGKEITS-KARTEN: Element LUFT / Farbe GELB

Was sind deine FÄHIGKEITEN, dein Potential, das du entdecken, entfalten und verwirklichen kannst?

° 12 BEZIEHUNGS-KARTEN: Element WASSER / Farbe BLAU

Was gibst und nimmst du in BEZIEHUNGEN?

° 12 BEDÜRFNIS-KARTEN: Element FEUER / Farbe ROT

Was sind deine inneren und äußeren BEDÜRFNISSE? Was willst du nehmen und/oder geben? Was brauchst du? Und was braucht die Außenwelt, die Familie, die Freunde, die Mitmenschen, die Gesellschaft, die Erde, das Universum von dir? Finde den Einklang zwischen beiden Bedürfnissen.

° 12 GABE/TATEN-KARTEN: Element ERDE / Farbe GRÜN

Was sind deine GABEN? Wem wirst du wie dienen? Wie wirst du deine entwickelten Fähigkeiten einsetzen durch WohlTATEN,

Dienstleistungen oder Geschenke? Was wirst du praktisch in der Realität umsetzen, also tun?

DIE INNERE FARBE DER NEBENKARTEN

Welcher innere Bereich ist angesprochen?

Ist die Hauptfarbe des Mandalas GELB?
Dein DENKEN ist angesprochen. (Element Luft / Kopf, die Chakren 5 und 6)

Ist die Hauptfarbe des Mandalas BLAU?
Es geht um dein FÜHLEN; dazu gehören deine seelischen Emotionen. (Element Wasser / Herz, die Chakren 3 und 4)

Ist die Hauptfarbe des Mandalas ROT?
Hier handelt es sich um dein WOLLEN. (Element Feuer /Hara, die Chakren 1 und 2)

Ist die Hauptfarbe des Mandalas GRÜN?
Es geht um dein körperliches SPÜREN. (Element Erde / körperliche Ebene)

Jedes der vier Elemente / jede Farbe kommt dreimal vor:

° als Impuls,
° als Prozess und
° als Erkenntnis.

Diese zwölf Varianten (4x3) entsprechen den 12 Tierkreiszeichen, also den 4 Elementen mit ihren jeweiligen Qualitäten: kardinal, fix und veränderlich (hier: Impuls, Prozess, Erkenntnis).

Du kannst die geistige Wirklichkeit als Wellen und Schwingungen (auch Teilchen) bezeichnen oder auch als Engel, Naturgeister, Außerirdische oder sonstige Begriffe. Das astrologische Modell benennt diese Schwingungen mit astronomischen Begriffen. Die Astrologie lehrt, dass du ab deiner Geburt aus den Schwingungen des Momentes und der Örtlichkeit, an der du geboren wurdest, bestehst. Man kann sie als deine Lebenspotentiale betrachten. Die aktuelle Situation und ihre Schwingungen, in der Astrologie als Transite bezeichnet, können deine Stärken und Schwachstellen triggern. Sie zu kennen eröffnet dir neue Möglichkeiten und eine freiere Wahl, als wenn du alles dem Zufall überlässt. Es gibt günstigere oder ungünstigere Momente für manche Vorhaben. Wenn die Philosophie des „oben wie unten" stimmt - das kann niemand sicher wissen noch ausschließen – dann kann die Astrologie ein nützliches Hilfsinstrument bei deiner Lebensgestaltung sein. Daher wird in den Nebenkarten die Analogie zu den Tierkreiszeichen gesucht.

Um eine ausführliche Antwort auf deine Frage zu ermöglichen, kannst du das <u>Innere der Karten</u> (12 Varianten) auf folgende Art und Weise mit dem <u>Äußeren der Karten</u> (4 Varianten) kombinieren:

° DENKEN (2. Weg), seelisch-emotionales FÜHLEN (3. Weg), WOLLEN (4. Weg) und körperlich SPÜREN (1. Weg)

  jeweils als IMPULS, PROZESS oder ERKENNTNIS

° zur freien Entfaltung deiner FÄHIGKEITEN

° zur friedlichen Entwicklung deiner BEZIEHUNGEN

° zur solidarischen Erfüllung von BEDÜRFNISSEN

° zum liebevollen und nachhaltigen In-die-TAT-Umsetzen deiner GABEN (in einem gesunden Körper)

Hier die vier verschiedenen Kartentypen:

FÄHIGKEITS-KARTEN

	ÄUSSERE Farbe	INNERE Mandalafarbe		
17		WOLLEN	IMPULS	
18		SPÜREN	PROZESS	
19		DENKEN	ERKENNTNIS	
20		FÜHLEN	IMPULS	
21		WOLLEN	PROZESS	
22		SPÜREN	ERKENNTNIS	
23		DENKEN	IMPULS	
24		FÜHLEN	PROZESS	
25		WOLLEN	ERKENNTNIS	
26		SPÜREN	IMPULS	
27		DENKEN	PROZESS	
28		FÜHLEN	ERKENNTNIS	

BEZIEHUNGS-KARTEN

	ÄUSSERE Farbe	INNERE Mandalafarbe		
29		WOLLEN	IMPULS	
30		SPÜREN	PROZESS	
31		DENKEN	ERKENNTNIS	
32		FÜHLEN	IMPULS	
33		WOLLEN	PROZESS	
34		SPÜREN	ERKENNTNIS	
35		DENKEN	IMPULS	
36		FÜHLEN	PROZESS	
37		WOLLEN	ERKENNTNIS	
38		SPÜREN	IMPULS	
39		DENKEN	PROZESS	
40		FÜHLEN	ERKENNTNIS	

BEDÜRFNIS-KARTEN

	ÄUSSERE Farbe	INNERE Mandalafarbe		
41		WOLLEN	IMPULS	♈
42		SPÜREN	PROZESS	♉
43		DENKEN	ERKENNTNIS	♊
44		FÜHLEN	IMPULS	♋
45		WOLLEN	PROZESS	♌
46		SPÜREN	ERKENNTNIS	♍
47		DENKEN	IMPULS	♎
48		FÜHLEN	PROZESS	♏
49		WOLLEN	ERKENNTNIS	♐
50		SPÜREN	IMPULS	♑
51		DENKEN	PROZESS	♒
52		FÜHLEN	ERKENNTNIS	♓

GABE-KARTEN

	ÄUSSERE Farbe	INNERE Mandalafarbe		
53		WOLLEN	IMPULS	♈
54		SPÜREN	PROZESS	♉
55		DENKEN	ERKENNTNIS	♊
56		FÜHLEN	IMPULS	♋
57		WOLLEN	PROZESS	♌
58		SPÜREN	ERKENNTNIS	♍
59		DENKEN	IMPULS	♎
60		FÜHLEN	PROZESS	♏
61		WOLLEN	ERKENNTNIS	♐
62		SPÜREN	IMPULS	♑
63		DENKEN	PROZESS	♒
64		FÜHLEN	ERKENNTNIS	♓

Die LEGUNGEN

1. MTK-BRETT-LEGUNGEN

Das **MTK (,,Mein transpersonaler Kern") – Brett** wird meist einseitig, also rechts- oder linksseitig (oberstes und unterstes Kartenfeld, sowie fünf Karten der rechten oder linken Seite), benutzt. Für Partnerschaftsfragen, Alternativfragen (pro & kontra) oder Jetzt- und Zukunftsfragen wird das ganze Brett mit den 15 Kartenfeldern benutzt (siehe Seite 31).

Benutzt man sieben Kartenfelder, so steht bei einer Frage das oberste Feld 1 für die Antwort des Überbewusstseins, das unterste Feld 2 für diejenige des Unterbewusstseins, die Felder 3, 4, 5 und 6 für die Antworten aus der Sicht der vier Elemente (Wollen, Denken, Fühlen, Tun) und das Feld 7 für die Syntheseantwort der gezogenen Karten.

Man kann die Lebenskreise-Karten in 5 Stapel aufteilen, also in die Hauptkarten und die 4 Arten der Nebenkarten. Von den Nebenkartenhaufen kann je eine Karte auf einen der vier Plätze auf dem Kreis gelegt werden (Felder 3, 4, 5 und 6). Auf den oberen Sonnenplatz (Feld 1), den mittleren Syntheseplatz (Feld 7) und den unteren Mondplatz (Feld 2) passen je eine der gezogenen Hauptkarten.

Für Astrologiekundige: Die 5 Felder einer Seite des MTK-Brettes, sowie das oberste (weiß) und unterste Feld (schwarz) stehen für die Planetenenergien und symbolisieren das WAS?
- Sonne (Feld 6): das äußere Strahlen in die Welt
- Mond (Feld 5): die innere Seelenwelt
- Merkur (Feld 7): die Kommunikation
- Venus (Feld 4): das Schöne
- Mars (Feld 3): das Energetische
- Jupiter (Feld 1): die Erweiterung
- Saturn (Feld 2): die Verengung oder die Struktur

Die 4 Außen-Farben der Karten stehen für das WO?; das heißt in welchen Lebensbereichen zeigen sich die Energien?
- Bereich des Denkens: Fähigkeiten (Farbe gelb)
- Bereich des Fühlens: Beziehungen (Farbe blau)
- Bereich der Bedürfnisse: Wollen (Farbe rot)
- Bereich der Taten: Gaben (Farbe grün).

Die Innenmandalas der Nebenkarten stehen für die 12 Tierkreiszeichen, deren Qualität und für das WIE?

Widder	Löwe	Schütze
Stier	Jungfrau	Steinbock
Zwillinge	Waage	Wassermann
Krebs	Skorpion	Fische

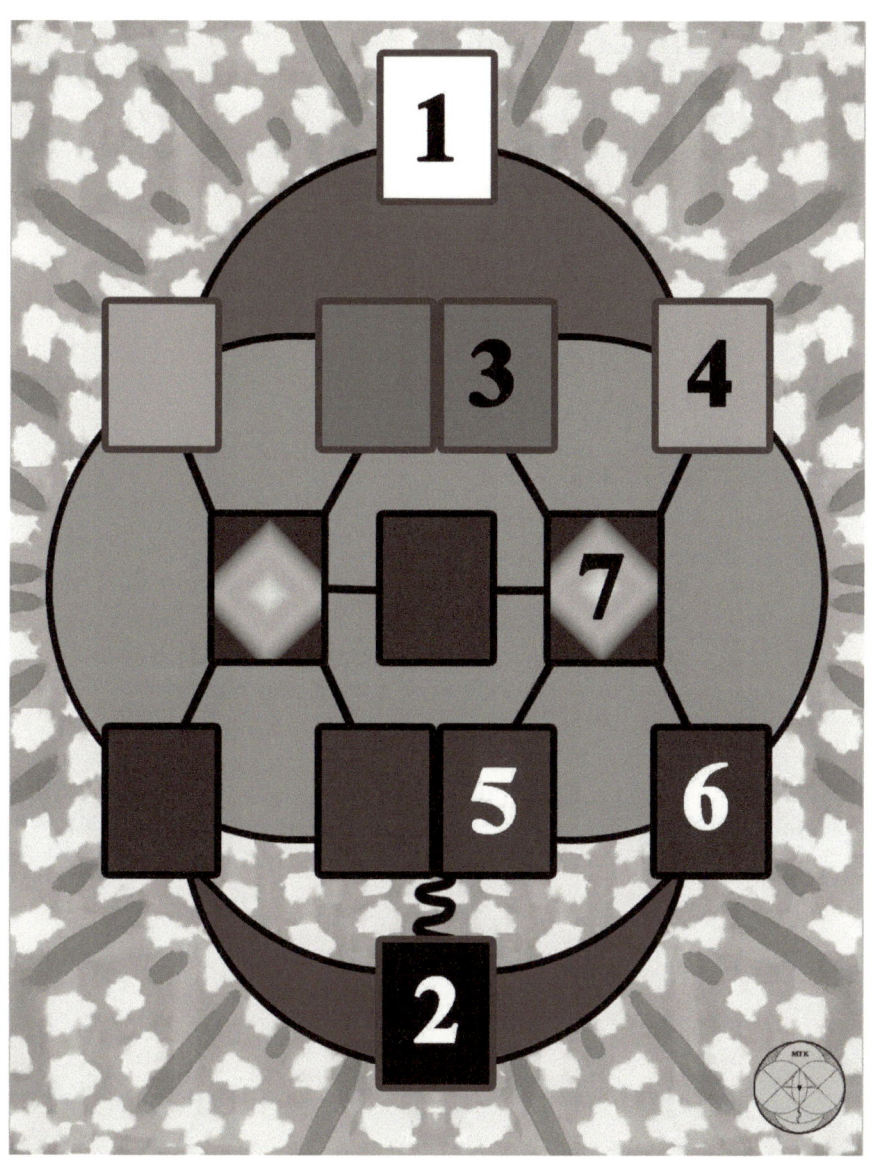

2. ANDERE LEGUNGEN

° Dreikartenlegungen, zum Beispiel
„Vergangenheit, Gegenwart, Zukunft" oder
„Situation, Herausforderung, Lösung"

° Das Keltische Kreuz

° Die Entscheidungshilfe

° Die Jahreskreislegung (12 Karten)

° Das Rad der Zeit

° Wenn du eine Nebenkarte (Karten 17-64) ziehst,
kannst du zur Erweiterung der Perspektive auch die
Hauptkarte anschauen, die sich aus der Quersumme
der beiden Kartenzahlen ergibt, also zum Beispiel
$17=1+7=8$ oder $19=1+9=10$ oder $64=6+4=10$.
Ist das Total > 10, also 11, 12, 13 oder 14 zählst du
nochmal beide Zahlen zusammen und erhältst
2, 3, 4 oder 5. Die Hauptkarten, die in Frage kommen,
sind also die Karten von 2 bis 10 (4 Ebenen und 5
Wege).

3. KARTEN MISCHEN und ZIEHEN

Mische die Karten vorab gründlich je nach deiner Mischtechnik. Entscheide, ob du alle Karten gemeinsam verwendest, oder die Haupt- und Nebenkarten vielleicht getrennt verwenden willst - das hängt ganz individuell von deinem Thema / deiner Frage ab.

Es gibt viele Varianten wie du deine Karten ziehen kannst:

° Du nimmst die soundsovielte Karte von oben oder unten des Kartenstapels.

° Du fächerst die Karten auf und wählst.

° Du breitest sie aus und fährst mit der Hand darüber, um die Karte mit der adäquaten Energie zu ziehen.

° Du mischst die Karten, bis eine herausfällt.

° Du legst die Karte in verschiedene Haufen und wählst dann.

° Du ziehst intuitiv eine Karte aus dem Stapel.

° Du hast drei Würfel. Du würfelst mit einem Würfel bis du eine 1, 2, 3 oder 4 gewürfelt hast. Du würfelst jetzt so oft wie es die gewürfelte Zahl angibt (1-, 2-, 3- oder 4-mal), und zwar mit allen drei Würfeln.
Du addierst die drei Zahlen und ziehst 2 ab, weil es die Logik verlangt. Hattest du zunächst die 1 gewürfelt kennst du jetzt die Kartennummer (zwischen 1 und 16). Hattest du eine 2, 3 oder 4 gewürfelt, wiederholst du die gleiche Prozedur 2, 3 oder 4x und das Gesamttotal ergibt die Kartennummer (zwischen 17 und 64).
Zum Beispiel: Du würfelst die 5. Du musst nochmal

33

würfeln und erhältst die 2. Du würfelst jetzt zweimal mit drei Würfeln: 2-5-5 und 6-4-1. Die Rechnung ist die Folgende: $(2+5+5)-2 = 10$ und $(6+4+1)-2 = 9$, dann $10+9 = 19$. Du hast die Karte 19 gewürfelt. Diese Methode kann man z.B. anwenden, wenn man „online" ist, selbst aber kein Kartenset hat und die Karte ermitteln will, ohne Mithilfe eines anderen Menschen.

Die HAUPTKARTEN im EINZELNEN

Wozu kann ich die Hauptkarten praktisch nutzen?

Die Hauptkarten weisen auf Ebenen, Wege und Ziele des individuellen Entwicklungsweges hin.

Ziehst du die <u>Narrenkarte,</u> weist sie dich darauf hin, mal ehrlich in den Spiegel zu schauen. Wer bist du wirklich, wenn du alle „Rollen" ablegst? Verknüpfe deine Antworten mit der von dir gestellten Frage.

Auf der <u>Ebene 1</u> hast du einen Körper, wie du auch materielle Dinge besitzt - <u>Haben</u>. Er ist Teil der Natur. Je besser du ihn gesund hältst, desto länger kann er dir zu Diensten in deinem <u>Leben</u> sein: Was sagt deine körperliche <u>Natur</u>, dein Instinkt? Was spürst du? Was sagen deine Sinne zu deiner Frage?

Karte 3: Seele – Beobachter (2. Ebene)

Auf der Ebene 2 kannst du dein seelisches Werden und deine innere Arbeit Beobachten: Was sagen die verschiedenen Perspektiven deines Denkens, Fühlens und Wollens? Hast du alle Möglichkeiten abgewogen? Hast du dich ausgetauscht, Rat eingeholt was deine Frage anbelangt?

Auf der <u>Ebene 3</u> kannst du dein <u>Bewusstsein</u> für „<u>Geistiges Sein</u>" erweitern: Was sagt deine geistige Natur - dein Gewissen, dein „<u>Ich Bin</u>" und „<u>Ich Will</u>"?

Rudolf Steiner: „das Ich haben wir dadurch, dass wir wollen können." (*Notwendigkeit und Freiheit im Weltgeschehen und im menschlichen Handeln – 1982, S.108*)

Kannst du still sein, um den Energiefluss der Liebe zu erfahren, ihn zulassen und als Inspirationsquelle für dein Thema nutzen?

Auf der <u>Ebene 4</u> kannst du dir das Absolute, die <u>Quelle</u> von Allem, wenn auch nur begrifflich, vorstellen. Sie ist für dich als Mensch nicht erreichbar. Du kannst dich aber mit ihr verbinden. Du bist ein Individuum und gleichzeitig ein Teil des Ganzen oder eine einzigartige Perspektive des Seins. Liebe dich und das Ganze, dann bist du sicher. Alles, was andere Menschen dir schenken, ist ein kleines zusätzliches Sahnehäubchen, aber du bist nicht abhängig davon. Du kannst dir drei Raumdimensionen und die Zeit vorstellen, aber wenn die Wirklichkeit mehr als diese Dimensionen hat, fünf, hundert oder Millionen, wie relativ ist dann deine Wirklichkeit, die du als real wahrnimmst? Vielleicht ist sie nur eine minimale Teilwahrheit. Was deine Frage angeht, schöpfst du deine kleinen Freiheiten bezüglich der unzähligen Möglichkeiten des Seins voll aus?

Karte 6: Befreiung (1. Weg)

Der 1. Weg ist oft der Weg des mechanischen, unbewussten Reagierens im Wiederholungs-Zirkel des Alltags auf Ebene 1. Sozialisation/Manipulation von außen und Lusttrieb und Angst von innen beherrschen dich allzu oft. Die Befreiung aus dem unbewussten Funktionieren und eine individuelle Entwicklung sind möglich. Dazu musst du die Schritte zur Entfaltung deiner Potentiale gehen, willst du nicht nur dahinvegetieren, endlos Spaß haben, angepasst sein. Ziehst du diese Karte, dann denke darüber nach was du ändern kannst und willst, in Bezug auf dein Thema. Gibst du die Schuld, die Verantwortung und deine Erwartungen an das Außen ab oder bist du bereit für Veränderung und Transformation zu arbeiten mit Hilfe der universellen Lebenskräfte?

<u>Der 2. Weg</u> ist der Weg des Denkens, des Künstlerseins, deines individuellen Kulturbeitrages. Hier bist du frei. Nutzt du diese Freiheit betreff deiner Frage?

Der 3. Weg ist der Weg des Fühlens. Dein Fühlen bezieht sich meistens auf das Außen, auf deine Umwelt, auf andere Menschen, Tiere, Pflanzen und Dinge. Dieser Weg steht in enger Beziehung zu deinen Bewertungen, die aus deinem Denken stammen. Das friedliche und gleichberechtigte Zusammenleben mit deinen Mitmenschen gehört zu diesem Themenbereich. Sind deine Gefühle in Bezug auf deine Frage stimmig – für dich, deine Umgebung und Mitbetroffene?

Karte 9: Weg des Willens (4. Weg)

<u>Der 4. Weg</u> ist der Weg des Willens. Wollen hängt mit Bedürfnisbefriedigung zusammen, von dem niedrigsten bis zum höchsten Bedürfnis. Der Sinn der Wirtschaft ist sich gegenseitig dabei zu helfen diese Bedürfnisse zu befriedigen. Fast alles, was wir brauchen, erhalten wir vom guten Willen und der Arbeit unzähliger Mitmenschen. Die Wirtschaft besteht aus menschlichen Fähigkeiten und der Natur. Beides wurde uns vom Leben umsonst zur Verfügung gestellt. Kennst du deinen wahren Willen und deine Motivation, was deine Fragestellung angeht? Benutzt du dabei deine Fähigkeiten optimal und die Natur nachhaltig?

44

Karte 10: Weg der Liebe (5. Weg)

Der 5. Weg ist ein Geschenk des Lebens in Form von bedingungsloser Liebe, Energie, Licht, Information …. Er führt vom Absoluten Sein (Ebene 4) übers höhere Bewusstsein (Ebene 3) und die Beobachter- oder Zeugenebene (Ebene 2) zum bewussten, freien und liebevollen Agieren auf Ebene 1. Hier erhältst du all die Unterstützung, die du brauchst, um deine Missionen auf Erden, also deinen Lebenssinn im Kleinen und im Großen zu erfüllen. Ist diese Liebe dir bewusst, bist du offen dafür und kannst du Dankbarkeit empfinden? Wie kannst du maximale Liebe, auf deine Frage bezogen, zulassen?

<u>Das Ziel „Reinigen"</u>, im Sinne von Entrümpelung, befindet sich auf der Ebene 2 des Denkweges. Dein Entwicklungsweg beginnt damit, Schädliches und Unnützes aus deiner Vergangenheit zu beseitigen, um Platz für Neues zu schaffen und Veränderungen zu ermöglichen. Beobachte welche Altlasten deine momentane Frage und deren Beantwortung beeinträchtigen könnten.

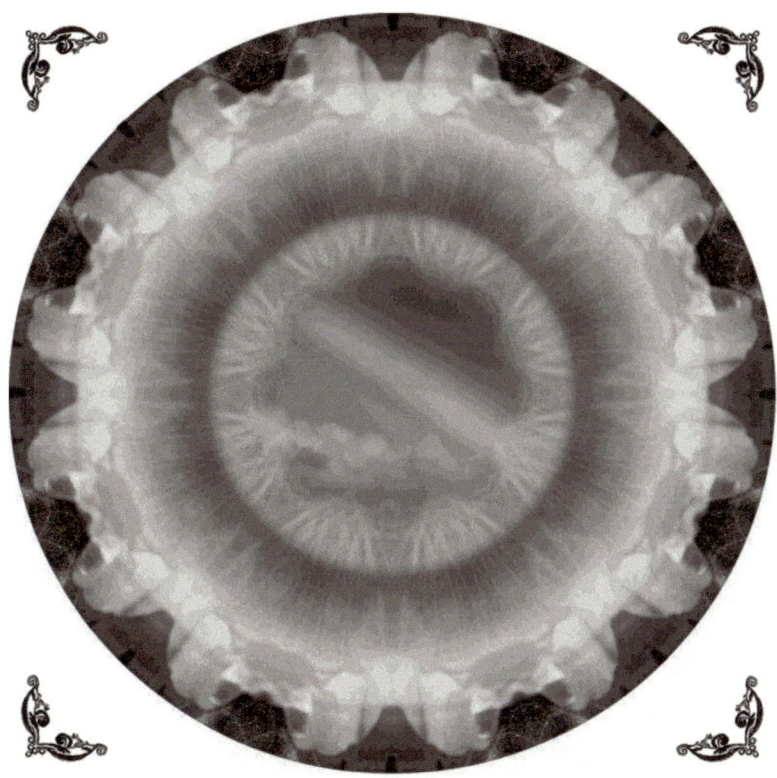

Das Ziel „Kreativität" befindet sich auf der Ebene 3 des Denkweges. Deine Gehirnzellen mögen rational und logisch, wie KI tätig sein. Kreativität aber wird dir vom Universum geschenkt. Hier bist du lediglich der Empfänger, genauso, wie ein Radiogerät die Sendungen nicht produziert, sondern nur empfängt. Sorgst du bezüglich deiner Frage für einen bestmöglichen Empfang kreativer Impulse? Bist du dir bewusst, dass du der ausführende Künstler sein kannst?

Karte 13: Begegnen als Ziel

Das Ziel „Begegnen" befindet sich auf Ebene 2 des Fühlweges. Be-obachte und begegne der Vielfalt deiner Möglichkeiten. Begegne auch einfühlsam den Menschen auf deinem Weg, mit denen du ver-schiedene Stärken zusammenführen kannst. Kommuniziere auf eine empathische Art und Weise. Sei offen. Wer könnte dir bei der Be-antwortung deiner Frage behilflich sein?

Das Ziel „Zusammenarbeiten" befindet sich auf Ebene 3 des Fühl-weges. Wie kannst du mit Anderen bezüglich deines Themas best-möglich kooperieren? Ist dir bewusst, was du brauchst und was du geben kannst, damit eine Win-Win-Situation entstehen kann?

Das Ziel „Lauschen" befindet sich auf Ebene 2 des Willensweges. Lausche offen in alle Richtungen. Was brauchst du innerlich, was brauchen deine Mitmenschen und was braucht dein oder euer momentanes Anliegen? Lausche in dich hinein und warte, was zu deiner Fragestellung als Antwort auftaucht.

Das Ziel „Höherer Wille" befindet sich auf Ebene 3 des Willensweges. Bewusstsein, was das große Ganze braucht und von dir will, ist hier das Thema. Hier kannst du als Antwort auf deine Frage mit einfließen lassen, ob dein individueller kleiner Wille im Einklang mit dem größeren Willen, dem eigentlichen Lebenssinn steht? Reichen sich beide die Hände oder gibt es da noch zu bereinigende Unstimmigkeiten?

Die NEBENKARTEN im EINZELNEN

Kurze Wiederholung zur praktischen Benutzung der Nebenkarten und dies auf eine persönliche Frage hin: Diese Karten sind polar angelegt. Die inneren Kreis-Mandalas stehen für das INNENLEBEN - die vier Elemente Luft, Wasser, Feuer und Erde repräsentieren die Themen Denken, Fühlen, Wollen und körperlich Spüren. Sie repräsentieren die sie betreffenden inneren Prozesse in drei verschiedenen Ausprägungen: Anfangsimpuls - Prozessentwicklung - Abschluss als Erkenntnis. Die äußere Umgebung der Mandalas steht für das AUSSENLEBEN - die vier Elemente repräsentieren Aktivitäten in Form von Fähigkeitsanwendung, Beziehungspflege, Bedürfniserfüllung und Gaben. Jedem steht natürlich frei die Mandalas und deren Umgebung anders zu interpretieren.

Ein Beispiel bezüglich der Frage, *was ich in meiner Arbeitsumgebung tun kann, weil es hier nicht so weiter gehen kann.* Ich ziehe die Karte 59, die für einen oder mehrere DENKIMPULSE bezüglich meiner GABEN steht. Die Anregung schlägt vor, NEUE ÜBERLEGUNGEN anzustellen, was ich dem Betrieb GEBEN kann, was ich Neues oder Anderes TUN kann. Also zum Beispiel nicht von den Mitarbeitern zu erwarten, dass sie etwas anders tun oder ihre Beziehung zu mir ändern. Zu jeder einzelnen Karte gibt es ein weiteres „Praktisches Beispiel", das hilfreich sein mag oder auch irritierend, weil es von der eigenen Frage ablenken könnte. Jeder wird damit entsprechend umgehen können.

Diejenigen, die die angeführten Tierkreiszeichen nicht kennen, finden deren Eigenschaften und Zuordnungen auf Seite 151 bis 156.

Kreative Menschen können auch eine Frage stellen und spielerisch mit den Elementen und den Begriffen auf den Karten umgehen. Die Möglichkeiten sind unzählig.

Mandala: Wollen-Impuls ◊ Willensimpuls

Äußere Farbe: GELB
Element: LUFT
Thema: **FÄHIGKEITEN**

Innere Farbe: ROT (hell)
Element: FEUER
Thema: **WILLENSIMPULS**
Astrologie: WIDDER (Feuer, kardinal)

Innen im Außen: FEUER in LUFT
WOLLEN bezüglich deiner FÄHIGKEITEN

Zu deiner Frage: schau dir aufkeimende Willensimpulse in Bezug auf deine Fähigkeiten an

Astrologie:
Widderqualität bezüglich deiner Fähigkeiten

Praktisches Beispiel

Was ist der nächste sinnvolle Schritt für meine persönliche Entwicklung?

Du fragst dich, wie du dich weiterentwickeln kannst und ziehst die Karte 17. Sie spricht von einem **Willens-Impuls** – das bedeutet, dass deine Antwort nicht in langem Grübeln liegt, sondern in dem, was dich intuitiv ruft.
Gibt es ein Thema, das dich immer wieder fasziniert? Etwas, das du gerne lernen oder ausprobieren würdest? Deine persönliche Entwicklung beginnt mit dem Mut, diesem ersten Impuls zu folgen, indem du diesbezüglich deine **Fähigkeiten** ins Spiel bringst.

Karte 18 „Fähigkeitskarte"

Mandala: Spüren-Prozess ◊ Spürprozess

Äußere Farbe: GELB
Element: LUFT
Thema: **FÄHIGKEITEN**

Innere Farbe: GRÜN (satt)
Element: ERDE
Thema: **SPÜRPROZESS**
Astrologie: STIER (Erde, fix)

Innen im Außen: ERDE in LUFT
Körperliches SPÜREN meiner FÄHIGKEITEN

Zu deiner Frage: erspüre deine Fähigkeiten, auf allen Ebenen, über einen gewissen Zeitraum

Astrologie:
Stierqualität bezüglich deiner Fähigkeiten

Praktisches Beispiel

Wie kann ich mein Selbstbewusstsein steigern?

Du möchtest dein Selbstbewusstsein stärken und du ziehst die Karte 18. Sie spricht von einem **körperlichen Spürprozess**, was bedeutet, dass du dein Selbstbewusstsein nicht nur durch Gedanken, sondern durch deine Körperhaltung, deine Atmung und dein Auftreten beeinflussen kannst.
Achte auf deinen Körper in verschiedenen Situationen. Wie stehst du? Wie atmest du, wenn du dich sicher fühlst? Wie verändert sich deine Körperhaltung, wenn du nervös bist? Dein Selbstbewusstsein wächst mit jeder bewussten Bewegung, die dich innerlich stärkt. Du kannst jetzt deine **Fähigkeiten** ganz anders umsetzen.

Mandala: Denken-Erkenntnis ◊ Denkerkenntnis

Äußere Farbe: GELB
Element: LUFT
Thema: **FÄHIGKEITEN**

Innere Farbe: GELB (dunkel)
Element: LUFT
Thema: **DENKERKENNTNIS**
Astrologie: ZWILLING (Luft, veränderlich)

Innen im Außen: LUFT in LUFT
DENKEN bezüglich deiner FÄHIGKEITEN

Zu deiner Frage: schau dir gewonnene Denkerkenntnisse in Bezug auf deine Fähigkeiten an

Astrologie: Zwillingsqualität bezüglich deiner Fähigkeiten

Praktisches Beispiel

Welche versteckten Talente kann ich beruflich nutzen?

Du fragst dich, welche unentdeckten Talente du beruflich nutzen kannst und ziehst die Karte 19. Sie spricht von einer **mentalen Erkenntnis** – das bedeutet, dass du bereits Hinweise darauf hast, welche Fähigkeiten in dir schlummern.
Überlege: Was fällt dir leicht, was anderen schwerfällt? Wofür wirst du oft um Rat gefragt? Deine **Fähigkeiten** zeigen sich oft in alltäglichen Dingen – erkenne sie und überlege, wie du sie für deinen beruflichen Weg nutzen kannst.

Mandala: Fühlen-Impuls ◊ Gefühlsimpuls

Äußere Farbe: GELB
Element: LUFT
Thema: **FÄHIGKEITEN**

Innere Farbe: BLAU (hell)
Element: WASSER
Thema: **GEFÜHLSIMPULS**
Astrologie: KREBS (Wasser, kardinal)

Innen im Außen: WASSER in LUFT
FÜHLEN bezüglich deiner FÄHIGKEITEN

Zu deiner Frage: schau dir aufkeimende Gefühlsimpulse in Bezug auf deine Fähigkeiten an

Astrologie:
Krebsqualität bezüglich deiner Fähigkeiten

Praktisches Beispiel

Was kann ich tun, um meine finanziellen Ängste zu überwinden?

Du möchtest deine Angst vor finanzieller Unsicherheit verringern und ziehst die Karte 20. Sie spricht von einem **emotionalen Impuls** – das bedeutet, dass deine Antwort nicht im Kopf liegt, sondern in deinen ersten Gefühlen zu diesem Thema.
Schließe kurz die Augen und spüre nach: Welche Emotionen steigen auf, wenn du an Geld denkst? Unsicherheit, Mangel oder Freiheit? Welche Erfahrungen aus der Vergangenheit haben dein Verhältnis zu Geld geprägt? Dein erster Impuls zeigt dir, wo deine Angst wurzelt – und wo du deine **Fähigkeiten** ansetzen kannst, um sie zu lösen.

Mandala: Wollen-Prozess ◊ Willensprozess

Äußere Farbe: GELB
Element: LUFT
Thema: **FÄHIGKEITEN**

Innere Farbe: ROT (satt)
Element: FEUER
Thema: **WILLENSPROZESS**
Astrologie: LÖWE (Feuer, fix)

Innen im Außen: FEUER in LUFT
WOLLEN bezüglich deiner FÄHIGKEITEN

Zu deiner Frage: schau dir laufende Willensentscheidungen in Bezug auf deine Fähigkeiten an

Astrologie:
Löwequalität bezüglich deiner Fähigkeiten

Praktisches Beispiel

Welche spirituelle Lektion steht für mich an?

Du fragst dich, welche spirituelle Lektion gerade für dich wichtig ist und ziehst die Karte 21. Sie spricht von einem **Willens-Prozess** – das bedeutet, dass die Antwort nicht sofort klar sein muss, sondern sich schrittweise entfaltet.
Denke an die letzten Wochen oder Monate. Gab es Herausforderungen, die dich innerlich wachsen ließen? Gibt es wiederkehrende Themen, die dich beschäftigen? Deine spirituelle Lektion zeigt sich oft in den Dingen, die deine **Fähigkeiten** am meisten herausfordern.

Mandala: Spüren-Erkenntnis ◊ Spürerkenntnis

<u>Äußere Farbe</u>: GELB
Element: LUFT
Thema: **FÄHIGKEITEN**

<u>Innere Farbe</u>: GRÜN (dunkel)
Element: ERDE
Thema: **SPÜRERKENNTNIS**
Astrologie: JUNGFRAU (Erde, veränderlich)

<u>Innen im Außen</u>: ERDE in LUFT
Körperliches SPÜREN bezüglich deiner FÄHIGKEITEN

Zu deiner Frage: schau dir Spürerkenntnisse in Bezug auf deine Fähigkeiten an

Astrologie:
Jungfrauqualität bezüglich deiner Fähigkeiten

<u>Praktisches Beispiel</u>

<u>Was sollte ich loslassen, um im Job voranzukommen?</u>

Du fragst dich, was dich beruflich blockiert und ziehst die Karte 22. Sie spricht von einer **körperlichen Spürerkenntnis** – das bedeutet, dass dein Körper dir zeigt, wo du Belastungen und Widerstände speicherst.
Schließe die Augen und denke an deine berufliche Situation. Wo spürst du Anspannung? Ist es ein Druck auf der Brust, ein Knoten im Bauch, ein Zittern in den Händen? Dein Körper signalisiert dir, wo du unnötigen Ballast mit dir herumträgst – und was du bewusst loslassen kannst, um deine **Fähigkeiten** voll auszuschöpfen.

Karte 23 „Fähigkeitskarte"

Mandala: Denken-Impuls ◊ Denkimpuls

Äußere Farbe: GELB
Element: LUFT
Thema: **FÄHIGKEITEN**

Innere Farbe: GELB (hell)
Element: LUFT
Thema: **DENKIMPULS**
Astrologie: WAAGE (Luft, kardinal)

Innen im Außen: LUFT in LUFT
DENKEN bezüglich deiner FÄHIGKEITEN

Zu deiner Frage: schau dir aufkeimende Denkimpulse in Bezug auf deine Fähigkeiten an

Astrologie:
Waagequalität bezüglich deiner Fähigkeiten

Praktisches Beispiel

Welche Herausforderung steht mir bevor?

Du möchtest wissen, welche Herausforderung auf dich zukommt und ziehst die Karte 23. Sie spricht von einem **mentalen Impuls** – das bedeutet, dass du oft intuitiv spürst, welche Schwierigkeiten auf dich warten.
Achte auf deine ersten Gedanken: Gibt es ein Thema, das dich beschäftigt, aber das du lieber vermeiden würdest? Eine Aufgabe, vor der du dich drückst? Dein erster Impuls zeigt dir, wo deine nächste Herausforderung liegt. Welche **Fähigkeiten** trägst du als Lösung in dir?

Mandala: Fühlen-Prozess ◊ Gefühlsprozess

Äußere Farbe: GELB
Element: LUFT
Thema: **FÄHIGKEITEN**

Innere Farbe: BLAU (satt)
Element: WASSER
Thema: **GEFÜHLSPROZESS**
Astrologie: Skorpion (Wasser, fix)

Innen im Außen: WASSER in LUFT
FÜHLEN bezüglich deiner FÄHIGKEITEN

**Zu deiner Frage: schau dir Gefühlsprozesse in Bezug auf
deine Fähigkeiten an**

Astrologie:
Skorpionqualität bezüglich deiner Fähigkeiten

Praktisches Beispiel

Welche Familienmuster sollte ich hinterfragen?

Du fragst dich, welche Muster in deiner Familie dich beeinflussen
und ziehst die Karte 24. Sie spricht von einem **emotionalen
Prozess** – das bedeutet, dass sich die Antwort nicht in einer einzelnen Erkenntnis, sondern mit der Zeit zeigt.
Stell dir deine Familie vor und lass die Gefühle immer wieder auf
dich wirken: Gibt es wiederkehrende Erwartungen, Rollen oder Verhaltensweisen, die sich über Generationen hinwegziehen? Erfüllst du
vielleicht ein Muster, das gar nicht zu dir passt? Deine Wahrneh-
mungen sind der erste Schritt zur Veränderung, damit diese Muster
deinen **Fähigkeiten** nicht mehr im Wege stehen.

Mandala: Wollen-Erkenntnis ◊ Willenserkenntnis

Äußere Farbe: GELB
Element: LUFT
Thema: **FÄHIGKEITEN**

Innere Farbe: ROT (dunkel)
Element: FEUER
Thema: **WILLENSERKENNTNIS**
Astrologie: SCHÜTZE (Feuer, veränderlich)

Innen im Außen: FEUER in LUFT
WOLLEN bezüglich deiner FÄHIGKEITEN

Zu deiner Frage: schau dir Willenseinsichten in Bezug auf deine Fähigkeiten an

Astrologie:
Schützequalität bezüglich deiner Fähigkeiten

Praktisches Beispiel

Welche Energie bringe ich in meine Beziehungen ein?

Du möchtest wissen, wie du deine Beziehungen beeinflusst und ziehst die Karte 25. Sie spricht von einer **Erkenntnis über dein Wollen** – das bedeutet, dass deine bewussten und unbewussten Wünsche eine Rolle in deinen Beziehungen spielen.
Denke an deine engsten Beziehungen. Gibt es Verhaltensweisen oder Emotionen, die immer wieder auftauchen? Welche Energie gibst du in Freundschaften oder Partnerschaften hinein – und wie beeinflusst das die Beziehung? Erkenne, was du ausstrahlst und ob es deinem inneren Bedürfnis entspricht. Welche **Fähigkeiten** können dir dabei nützlich sein?

Mandala: Spüren-Impuls ◊ Spürimpuls

Äußere Farbe: GELB
Element: LUFT
Thema: **FÄHIGKEITEN**

Innere Farbe: GRÜN (hell)
Element: ERDE
Thema: **SPÜRIMPULS**
Astrologie: STEINBOCK (Erde, kardinal)

Innen im Außen: ERDE in LUFT
Körperliches SPÜREN bezüglich deiner FÄHIGKEITEN

Zu deiner Frage: schau dir aufkeimendes Spüren in Bezug auf deine Fähigkeiten an

Astrologie:
Steinbockqualität bezüglich deiner Fähigkeiten

Praktisches Beispiel

Wie kann ich eine bevorstehende Herausforderung meistern?

Du möchtest wissen, wie du eine bevorstehende Herausforderung meistern kannst und ziehst die Karte 26. Sie spricht von einem **körperlichen Spürimpuls** – das bedeutet, dass dein Körper oft schneller auf bevorstehende Situationen reagiert, als dein Verstand es bewusst wahrnimmt.
Achte auf deine erste körperliche Reaktion, wenn du an die anstehende Herausforderung denkst. Zieht sich etwas zusammen oder weitet sich etwas? Spürst du einen Druck oder eine Leichtigkeit? Dein Körper gibt dir Hinweise darauf, wie du mit der kommenden Herausforderung umgehen kannst und wie du deine **Fähigkeiten** dazu einsetzen kannst.

Mandala: Denken-Prozess ◊ Denkprozess

Äußere Farbe: GELB
Element: LUFT
Thema: **FÄHIGKEITEN**

Innere Farbe: GELB (satt)
Element: LUFT
Thema: **DENKPROZESS**
Astrologie: WASSERMANN (Luft, fix)

Innen im Außen: LUFT in LUFT
DENKEN bezüglich deiner FÄHIGKEITEN

Zu deiner Frage: schau dir konkrete Denkprozesse in Bezug auf deine Fähigkeiten an

Astrologie:
Wassermannqualität bezüglich deiner Fähigkeiten

Praktisches Beispiel

Was kann ich tun, um mich selbst besser zu verstehen?

Du möchtest dich selbst besser kennenlernen und ziehst die Karte 27. Sie spricht von einem **Denk-Prozess** – das bedeutet, dass Selbsterkenntnis nicht in einem einzigen Moment entsteht, sondern durch kontinuierliche Reflexion.
Überlege: Gibt es Verhaltensweisen, die du dir selbst noch nie erklärt hast? Reaktionen, die dich überraschen? Situationen, in denen du dich anders verhältst, als du es dir wünschst? Dein Prozess beginnt mit der bewussten Beobachtung deines Denkens, deiner **Fähigkeiten** und deines Handelns.

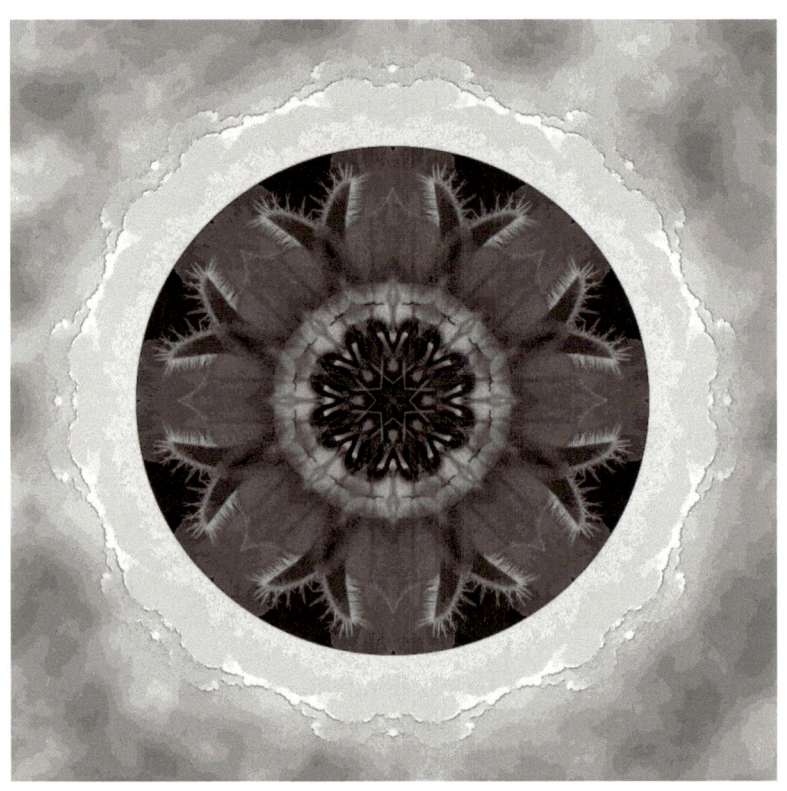

Mandala: Fühlen-Erkenntnis ◊ Gefühlserkenntnis

Äußere Farbe: GELB
Element: LUFT
Thema: **FÄHIGKEITEN**

Innere Farbe: BLAU (dunkel)
Element: WASSER
Thema: **GEFÜHLSERKENNTNIS**
Astrologie: FISCHE (Wasser, veränderlich)

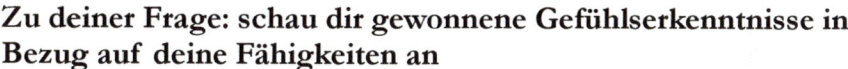

Innen im Außen: WASSER in LUFT
FÜHLEN bezüglich deiner FÄHIGKEITEN

Zu deiner Frage: schau dir gewonnene Gefühlserkenntnisse in Bezug auf deine Fähigkeiten an

Astrologie:
Fischequalität bezüglich deiner Fähigkeiten

Praktisches Beispiel

Was versucht das Universum mir gerade mitzuteilen?

Du möchtest wissen, welche Botschaft das Leben für dich bereithält und ziehst die Karte 28. Sie spricht von einer **emotionalen Erkenntnis** – das bedeutet, dass du die Antwort nicht logisch analysieren kannst, sondern sie in deinem Inneren fühlen musst.
Achte auf die Zeichen um dich herum. Gibt es wiederkehrende Symbole, Begegnungen oder Gedanken, die dich begleiten? Welche Gefühle lösen diese Fragen in dir aus? Das Universum spricht oft leise – benutze deine sensibelsten **Fähigkeiten**, um genau hinzulauschen.

Mandala: Wollen-Impuls ◊ Willensimpuls

Äußere Farbe: BLAU
Element: WASSER
Thema: **BEZIEHUNGEN**

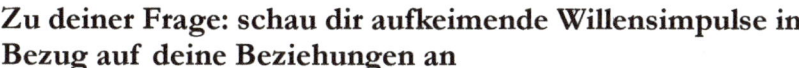

Innere Farbe: ROT (hell)
Element: FEUER
Thema: **WILLENSIMPULS**
Astrologie: WIDDER (Feuer, kardinal)

Innen im Außen: FEUER in WASSER
WOLLEN bezüglich deiner BEZIEHUNGEN

Zu deiner Frage: schau dir aufkeimende Willensimpulse in Bezug auf deine Beziehungen an

Astrologie:
Widderqualität bezüglich deiner Beziehungen

Praktisches Beispiel

Welche Art von Partner passt wirklich zu mir?

Du fragst dich, welche Art von Partner oder Partnerin wirklich zu dir passt und ziehst die Karte 29. Hier ist von einem **Willens-Impuls** die Rede – das bedeutet, dass deine Antwort eng mit deinen tiefsten Wünschen, Bedürfnissen und Sehnsüchten verbunden ist.
Denke an vorherige **Beziehungen** oder an Menschen, zu denen du dich hingezogen fühlst. Gibt es ein bestimmtes Muster? Welche Eigenschaften haben dich am meisten fasziniert – und welche haben dich verletzt? Dein spontaner Impuls zeigt dir, was dir wirklich wichtig ist.

Mandala: Spüren-Prozess ◊ Spürprozess

Äußere Farbe: BLAU
Element: WASSER
Thema: **BEZIEHUNGEN**

Innere Farbe: GRÜN (satt)
Element: ERDE
Thema: **SPÜRPROZESS**
Astrologie: STIER (Erde, fix)

Innen im Außen: ERDE in WASSER
körperliches SPÜREN bezüglich deiner BEZIEHUNGEN

Zu deiner Frage: spüre deine Beziehungen, auf allen Ebenen, über einen gewissen Zeitraum

Astrologie:
Stierqualität bezüglich deiner Beziehungen

Praktisches Beispiel

Wie kann ich meine Liebsten besser unterstützen?

Du möchtest wissen, wie du deine Liebsten besser unterstützen kannst und ziehst die Karte 30. Sie spricht von einem **körperlichen Spürprozess** – das bedeutet, dass du durch deine Körperreaktionen erkennen kannst, was dein Gegenüber wirklich braucht.
Achte beim nächsten Gespräch mit einer nahestehenden Person darauf, wie dein Körper reagiert. Spannst du dich an, wenn sie über ein Problem spricht? Fühlst du Wärme, wenn du Zuneigung zeigen möchtest? Dein Körper gibt dir Zeichen, wie du intuitiv auf die Bedürfnisse der **Menschen, die du liebst**, eingehen kannst.

Mandala: Denken-Erkenntnis ◊ Denkerkenntnis

Äußere Farbe: BLAU
Element: WASSER
Thema: **BEZIEHUNGEN**

Innere Farbe: GELB (dunkel)
Element: LUFT
Thema: **DENKERKENNTNIS**
Astrologie: ZWILLING (Luft, veränderlich)

Innen im Außen: LUFT in WASSER
DENKEN bezüglich deiner BEZIEHUNGEN

Zu deiner Frage: schau dir gewonnene Denkerkenntnisse in Bezug auf deine Beziehungen an

Astrologie:
Zwillingsqualität bezüglich deiner Beziehungen

Praktisches Beispiel

Was kann ich tun, um meine Angst vor dem Unbekannten zu verringern?

Du möchtest wissen, wie du deine Angst vor dem Unbekannten verringern kannst und ziehst die Karte 31. Hier ist von einer **mentalen Erkenntnis** die Rede – das bedeutet, dass dein Verstand dir Hinweise auf deine Ängste gibt, du sie aber vielleicht noch nicht klar wahrgenommen hast.
Denke vor allem an **Beziehungs**-Situationen, in denen du unsicher warst, aber den Schritt trotzdem gewagt hast. Was hast du daraus gelernt? War die Angst wirklich berechtigt? Erkenne, ob das Unbekannte so bedrohlich ist, wie du es dir vorstellst.

Mandala: Fühlen-Impuls ◊ Gefühlsimpuls

Äußere Farbe: BLAU
Element: WASSER
Thema: **BEZIEHUNGEN**

Innere Farbe: BLAU (hell)
Element: WASSER
Thema: **GEFÜHLSIMPULS**
Astrologie: KREBS (Wasser, kardinal)

Innen im Außen: WASSER in WASSER
FÜHLEN bezüglich deiner BEZIEHUNGEN

Zu deiner Frage: schau dir aufkeimende Gefühlsimpulse in Bezug auf deine Beziehungen an

Astrologie:
Krebsqualität bezüglich deiner Beziehungen

Praktisches Beispiel

Wie kann ich die Beziehung zu meinem Partner verbessern?

Du möchtest wissen, was du tun solltest, um deine Beziehung zu deinem Partner oder deiner Partnerin zu verbessern und du ziehst die Karte 32. Sie spricht von einem **emotionalen Impuls** – das bedeutet, dass du die Antwort weniger in Worten als in deinen Gefühlen findest.

Wenn du dich an eine problematische Situation in deiner **Beziehung** erinnerst und dir vorstellst wieder in eine solche zu geraten, was könntest du tun, um die Situation zu verbessern? Welches Gefühl tritt spontan in dir auf? Gehe diesem Gefühl nach. Achte darauf, welche Handlungsmöglichkeiten in dir auftauchen.

Mandala: Wollen-Prozess ◊ Willensprozess

Äußere Farbe: BLAU
Element: WASSER
Thema: **BEZIEHUNGEN**

Innere Farbe: ROT (satt)
Element: FEUER
Thema: **WILLENSPROZESS**
Astrologie: LÖWE (Feuer, fix)

Innen im Außen: FEUER in WASSER
WOLLEN bezüglich deiner BEZIEHUNGEN

Zu deiner Frage: schau dir laufende Willensentscheidungen in Bezug auf deine Beziehungen an

Astrologie:
Löwequalität bezüglich deiner Beziehungen

Praktisches Beispiel

Welche Beziehungsdynamik wiederholt sich immer wieder in meinem Leben?

Du fragst dich, welche Dynamiken sich in deinen Beziehungen wiederholen und ziehst die Karte 33. Hier ist von einem **Willens-Prozess** die Rede – das bedeutet, dass sich bestimmte Muster über längere Zeit entwickelt haben und nicht sofort durchbrochen werden können.
Denke an vergangene **Beziehungen** – Freundschaften oder Familienverhältnisse. Gibt es eine wiederkehrende Rolle, die du einnimmst? Fühlst du dich oft missverstanden, vernachlässigt oder zu sehr gebraucht? Dein Prozess beginnt mit der bewussten Wahrnehmung dieser Muster, vor allem, was deine Bedürfnisse betrifft.

Mandala: Spüren-Erkenntnis ◊ Spürerkenntnis

Äußere Farbe: BLAU
Element: WASSER
Thema: **BEZIEHUNGEN**

Innere Farbe: GRÜN (dunkel)
Element: ERDE
Thema: **SPÜRERKENNTNIS**
Astrologie: JUNGFRAU (Erde, veränderlich)

Innen im Außen: ERDE in WASSER
körperliches SPÜREN bezüglich deiner BEZIEHUNGEN

Zu deiner Frage: schau dir Spürerkenntnisse in Bezug auf deine Beziehungen an

Astrologie:
Jungfrauqualität bezüglich deiner Beziehungen

Praktisches Beispiel

Wie kann ich mehr Erfüllung in meiner Arbeit finden?

Du fragst dich, wie du mehr Erfüllung in deiner Arbeit finden kannst und ziehst die Karte 34. Sie spricht von einer **körperlichen Spürerkenntnis** – das bedeutet, dass dein Körper bereits weiß, welche Tätigkeiten dir Energie geben und welche dich auslaugen.
Denke an deine letzte Arbeitswoche. Wann warst du körperlich entspannt, wann angespannt? Wo fühltest du Leichtigkeit, wo Druck? Deine Erfüllung liegt dort, wo dein Körper sich frei und lebendig anfühlt. Nimm bei deiner Betrachtung vor allem die Arbeits-**Beziehungen** ins Sichtfeld.

Mandala: Denken-Impuls ◊ Denkimpuls

Äußere Farbe: BLAU
Element: WASSER
Thema: **BEZIEHUNGEN**

Innere Farbe: GELB (hell)
Element: LUFT
Thema: **DENKIMPULS**
Astrologie: WAAGE (Luft, kardinal)

Innen im Außen: LUFT in WASSER
DENKEN bezüglich deiner BEZIEHUNGEN

Zu deiner Frage: schau dir aufkeimende Denkimpulse in Bezug auf deine Beziehungen an

Astrologie:
Waagequalität bezüglich deiner Beziehungen

Praktisches Beispiel

Welche Veränderungen sollte ich in meinem Leben annehmen?

Du möchtest wissen, welche Veränderungen du in deinem Leben annehmen solltest und ziehst die Karte 35. Sie spricht von einem **mentalen Impuls** – das bedeutet, dass du tief in dir bereits ahnst, welche Veränderung ansteht.
Nimm deine **Beziehungen** in den Fokus: Welche erste Eingebung kommt dir dabei? Gibt es eine Beziehung, in der du dich unwohl fühlst, aber zögerst, etwas zu verändern? Deine Antwort liegt in deinem ersten gedanklichen Impuls – vertraue darauf, dass er dich in die richtige Richtung führt.

Mandala: Fühlen-Prozess ◊ Gefühlsprozess

Äußere Farbe: BLAU
Element: WASSER
Thema: **BEZIEHUNGEN**

Innere Farbe: BLAU (satt)
Element: WASSER
Thema: **GEFÜHLSPROZESS**
Astrologie: Skorpion (Wasser, fix)

Innen im Außen: WASSER in WASSER
FÜHLEN bezüglich deiner BEZIEHUNGEN

Zu deiner Frage: schau dir Gefühlsprozesse in Bezug auf deine Beziehungen an

Astrologie:
Skorpionqualität bezüglich deiner Beziehungen

Praktisches Beispiel

Wie kann ich meine Intuition besser wahrnehmen?

Du möchtest deine Intuition stärken und ziehst die Karte 36. Hier ist von einem **emotionalen Prozess** die Rede – das bedeutet, dass deine Intuition nicht von heute auf morgen klarer wird, sondern sich mit der Zeit entwickelt.
Achte auf deine körperlichen Reaktionen in bestimmten Situationen, die mit **Beziehungen** zu tun haben. Wann fühlst du dich sicher? Wann spürst du Unbehagen? Deine Intuition zeigt sich nicht nur in Gedanken, sondern auch in deinen Gefühlen.

Karte 37 „Beziehungskarte"

Mandala: Wollen-Erkenntnis ◊ Willenserkenntnis

Äußere Farbe: BLAU
Element: WASSER
Thema: **BEZIEHUNGEN**

Innere Farbe: ROT (dunkel)
Element: FEUER
Thema: **WILLENSERKENNTNIS**
Astrologie: SCHÜTZE (Feuer, veränderlich)

Innen im Außen: FEUER in WASSER
WOLLEN bezüglich deiner BEZIEHUNGEN

Zu deiner Frage: schau dir Willenseinsichten in Bezug auf deine Beziehungen an

Astrologie:
Schützequalität bezüglich deiner Beziehungen

Praktisches Beispiel

Wie kann ich befriedigendere Beziehungen führen?

Du fragst dich, wie du befriedigendere Beziehungen führen kannst und ziehst die Karte 37. Sie steht für eine bewusste **Erkenntnis** über deine **Wünsche** – das bedeutet, dass du dir selbst klar darüber werden solltest, was du von einer **Beziehung** erwartest.
Denke an deine bisherigen Erfahrungen. Gibt es wiederkehrende Verhaltensweisen, die dir nicht guttun? Grenzen, die du setzen solltest? Die Basis für eine gesunde Beziehung beginnt in deiner eigenen Klarheit.

Mandala: Spüren-Impuls ◊ Spürimpuls

Äußere Farbe: BLAU
Element: WASSER
Thema: **BEZIEHUNGEN**

Innere Farbe: GRÜN (hell)
Element: ERDE
Thema: **SPÜRIMPULS**
Astrologie: STEINBOCK (Erde, kardinal)

Innen im Außen: ERDE in WASSER
körperliches SPÜREN bezüglich deiner BEZIEHUNGEN

Zu deiner Frage: schau dir aufkeimendes Spüren in Bezug auf deine Beziehungen an

Astrologie:
Steinbockqualität bezüglich deiner Beziehungen

Praktisches Beispiel

Welche Gewohnheiten hindern mich daran, Wohlstand aufzubauen?

Du möchtest herausfinden, welche Gewohnheiten dich daran hindern Wohlstand aufzubauen und ziehst die Karte 38. Sie spricht von einem **körperlichen Spürimpuls** – das bedeutet, dass dein Körper dir direkt zeigen kann, wie du zu Geld und Wohlstand stehst.
Denke an deine **Beziehung** zu Geld. Wie fühlt es sich an, wenn du Geld bekommst oder ausgibst? Spürst du Sicherheit oder Unruhe? Kribbelt es vor Freude oder entsteht Druck? Vielleicht gibt es unbewusste Überzeugungen, die dich vor finanziellen Risiken schützen oder dich aber auch begrenzen? Dein Körper gibt dir Hinweise darauf, ob deine finanziellen Muster Schutz oder Einschränkung sind – und ob du sie bewusst verändern möchtest.

Mandala: Denken-Prozess ◊ Denkprozess

Äußere Farbe: BLAU
Element: WASSER
Thema: **BEZIEHUNGEN**

Innere Farbe: GELB (satt)
Element: LUFT
Thema: **DENKPROZESS**
Astrologie: WASSERMANN (Luft, fix)

Innen im Außen: LUFT in WASSER
DENKEN bezüglich deiner BEZIEHUNGEN

Zu deiner Frage: schau dir konkrete Denkprozesse in Bezug auf deine Beziehungen an

Astrologie:
Wassermannqualität bezüglich deiner Beziehungen

Praktisches Beispiel

Wie kann ich meine innere Balance finden?

Du möchtest wissen, wie du mehr innere Balance findest und ziehst die Karte 39. Sie spricht von einem **Denk-Prozess** – das bedeutet, dass innere Ausgeglichenheit nicht durch eine einzige Handlung entsteht, sondern durch kontinuierliche Reflexion.
Überlege: Wann fühlst du dich am meisten im Gleichgewicht? Welche Routinen oder Beziehungen geben dir Stabilität? Deine Balance entsteht durch bewusste Entscheidungen im Alltag. Schau dir alle deine **Beziehungen** an (Arbeitskollegen, Freunde, Familie, Partner).

Mandala: Fühlen-Erkenntnis ◊ Gefühlserkenntnis

Äußere Farbe: BLAU
Element: WASSER
Thema: **BEZIEHUNGEN**

Innere Farbe: BLAU (dunkel)
Element: WASSER
Thema: **GEFÜHLSERKENNTNIS**
Astrologie: FISCHE (Wasser, veränderlich)

Innen im Außen: WASSER in WASSER
FÜHLEN bezüglich deiner BEZIEHUNGEN

Zu deiner Frage: schau dir gewonnene Gefühlserkenntnisse in Bezug auf deine Beziehungen an

Astrologie:
Fischequalität bezüglich deiner Beziehungen

Praktisches Beispiel

Wie kann ich meine familiären Beziehungen verbessern?

Du möchtest deine familiären Beziehungen stärken und ziehst die Karte 40. Hier ist von einer **emotionalen Erkenntnis** die Rede – das bedeutet, dass die Antwort nicht in äußeren Handlungen, sondern in einem tieferen Verständnis liegt.
Denke an deine Familien-**Beziehungen**. Welche unausgesprochenen Wünsche oder Erwartungen gibt es? Gibt es Verletzungen, die nie angesprochen wurden? Manchmal genügt es, präsent zu sein und zuzuhören, um eine neue Verbindung zu schaffen.

Mandala: Wollen-Impuls ◊ Willensimpuls

Äußere Farbe: ROT
Element: FEUER
Thema: **BEDÜRFNISSE**

Innere Farbe: ROT (hell)
Element: FEUER
Thema: **WILLENSIMPULS**
Astrologie: WIDDER (Feuer, kardinal)

Innen im Außen: FEUER in FEUER
WOLLEN bezüglich deiner BEDÜRFNISSE

Zu deiner Frage: schau dir aufkeimende Willensimpulse in Bezug auf deine Bedürfnisse an

Astrologie:
Widderqualität bezüglich deiner Bedürfnisse

Praktisches Beispiel

Welche Energie prägt mein Leben aktuell?

Du fragst dich, welche Energie gerade dein Leben bestimmt und ziehst die Karte 41. Sie spricht von einem **Willens-Impuls** – das bedeutet, dass in dir ein starkes inneres Bedürfnis nach Ausdruck oder Veränderung existiert.
Achte auf deine momentane Stimmung und Motivation bezüglich deiner **Bedürfnisse**. Fühlst du dich voller Tatendrang oder eher blockiert? Was zieht dich derzeit besonders an? Dein spontaner Impuls gibt dir Aufschluss darüber, welche Energie dich gerade leitet – und ob du ihr folgen oder sie ausbalancieren solltest.

Mandala: Spüren-Prozess ◊ Spürprozess

Äußere Farbe: ROT
Element: FEUER
Thema: **BEDÜRFNISSE**

Innere Farbe: GRÜN (satt)
Element: ERDE
Thema: **SPÜRPROZESS**
Astrologie: STIER (Erde, fix)

Innen im Außen: ERDE in FEUER
körperliches SPÜREN bezüglich deiner BEDÜRFNISSE

Zu deiner Frage: erspüre deine Bedürfnisse, auf allen Ebenen, über einen gewissen Zeitraum

Astrologie:
Stierqualität bezüglich deiner Bedürfnisse

Praktisches Beispiel

Wie kann ich meine finanzielle Situation verbessern?

Du möchtest deine finanzielle Lage verbessern und ziehst die Karte 42. Sie spricht von einem **körperlichen Spürprozess** – das bedeutet, dass du durch dein Körperbewusstsein erkennen kannst, welche finanziellen Entscheidungen Sicherheit und welche Unruhe bringen. Denke an deine Finanzen. Spürst du Anspannung, wenn du an Ausgaben denkst? Wo im Körper zeigt sich diese? Wie fühlt es sich an, wenn du an finanzielle Stabilität denkst? Dein Körper zeigt dir, was du ändern solltest. Gibst du Geld aus für Dinge oder Dienstleistungen, die nicht deinen wahren **Bedürfnissen** entsprechen und nicht zwingend sind?

Mandala: Denken-Erkenntnis ◊ Denkerkenntnis

Äußere Farbe: ROT
Element: FEUER
Thema: **BEDÜRFNISSE**

Innere Farbe: GELB (dunkel)
Element: LUFT
Thema: **DENKERKENNTNIS**
Astrologie: ZWILLING (Luft, veränderlich)

Innen im Außen: LUFT in FEUER
DENKEN bezüglich deiner BEDÜRFNISSE

Zu deiner Frage: schau dir gewonnene Denkerkenntnisse in Bezug auf deine Bedürfnisse an

Astrologie:
Zwillingsqualität bezüglich deiner Bedürfnisse

Praktisches Beispiel

Welches spirituelle Thema sollte ich gerade näher erforschen?

Du fragst dich, welches spirituelle Thema du näher erkunden solltest und ziehst die Karte 43. Sie steht für eine **Erkenntnis** auf **mental**er Ebene – das bedeutet, dass du bereits eine Ahnung hast, welches Thema dich gerade ruft.
Denke an die Fragen, die dich in letzter Zeit beschäftigt haben. Gibt es ein wiederkehrendes Muster oder ein Thema, das dich nicht loslässt? Gibt es eine spirituelle Praxis, nach der du ein echtes **Bedürfnis** verspürst? Deine Neugier zeigt dir den nächsten Schritt auf deinem Weg.

Mandala: Fühlen-Impuls ◊ Gefühlsimpuls

Äußere Farbe: ROT
Element: FEUER
Thema: **BEDÜRFNISSE**

Innere Farbe: BLAU (hell)
Element: WASSER
Thema: **GEFÜHLSIMPULS**
Astrologie: KREBS (Wasser, kardinal)

Innen im Außen: WASSER in FEUER
FÜHLEN bezüglich deiner BEDÜRFNISSE

Zu deiner Frage: schau dir aufkommende Gefühlsimpulse in Bezug auf deine Bedürfnisse an

Astrologie:
Krebsqualität bezüglich deiner Bedürfnisse

Praktisches Beispiel

Wie kann ich meine Beziehungen verbessern?

Du möchtest wissen, wie du deine Beziehungen verbessern kannst und ziehst die Karte 44. Sie spricht von einem **emotionalen Impuls** – das bedeutet, dass dein Bauchgefühl dir bereits Hinweise gibt. Spüre in deine Beziehungen hinein. Entsprechen sie deinen **Bedürfnissen**? Gibt es Verhaltensweisen, die dich stören? Verlierst du dich manchmal zu sehr in anderen? Dein erster Impuls zeigt dir, wo du ansetzen kannst, um mehr Harmonie und Ausgeglichenheit in deine Beziehungen zu bringen.

Karte 45 „Bedürfniskarte"

Mandala: Wollen-Prozess ◊ Willensprozess

Äußere Farbe: ROT
Element: FEUER
Thema: **BEDÜRFNISSE**

Innere Farbe: ROT (satt)
Element: FEUER
Thema: **WILLENSPROZESS**
Astrologie: LÖWE (Feuer, fix)

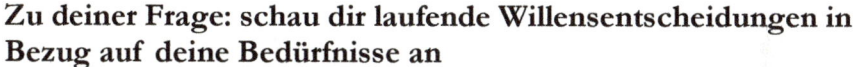

Innen im Außen: FEUER in FEUER
WOLLEN bezüglich deiner BEDÜRFNISSE

Zu deiner Frage: schau dir laufende Willensentscheidungen in Bezug auf deine Bedürfnisse an

Astrologie:
Löwequalität bezüglich deiner Bedürfnisse

Praktisches Beispiel

Was sollte ich berücksichtigen, wenn ich meinen Job wechseln möchte?

Du möchtest wissen, was du bei einem Jobwechsel beachten solltest, und ziehst die Karte 45. Da ist die Rede von einem **Willensprozess**. Frage dich, was du bezüglich eines neuen Jobs wirklich zutiefst in dir willst. Schau dir die Antworten eine gewisse Zeit lang an.
Welche **Bedürfnisse** könntest du in dem neuen Job besser erfüllen als bisher? Lass diese Bedürfnisse dich dabei leiten, wenn du dir verschiedene Jobangebote anschaust. Schau dir aber auch die Gegenseite an. Gibt es vielleicht Bedürfnisse, die weniger gut erfüllt würden?

Mandala: Spüren-Erkenntnis ◊ Spürerkenntnis

Äußere Farbe: ROT
Element: FEUER
Thema: **BEDÜRFNISSE**

Innere Farbe: GRÜN (dunkel)
Element: ERDE
Thema: **SPÜRERKENNTNIS**
Astrologie: JUNGFRAU (Erde, veränderlich)

Innen im Außen: ERDE in FEUER
körperliches SPÜREN bezüglich deiner BEDÜRFNISSE

Zu deiner Frage: schau dir Spürerkenntnisse in Bezug auf deine Bedürfnisse an

Astrologie:
Jungfrauqualität bezüglich deiner Bedürfnisse

Praktisches Beispiel

Wo sollte ich in nächster Zeit mein Geld investieren?

Du fragst dich, wo du dein Geld sinnvoll einsetzen solltest, und ziehst die Karte 46. Sie spricht von einer **körperlichen Spürerkenntnis** – das bedeutet, dass du sinnlich spüren kannst, welche Investitionen sich richtig anfühlen.
Denke an verschiedene Möglichkeiten und stelle dabei deine **Bedürfnisse** in den Vordergrund. Geht es dir um finanziellen Gewinn oder eher um soziale oder ökologische Motive? Welche Investition verspricht mehr Sicherheit oder Freude? Welche ist riskanter oder löst Skepsis aus? Dein Körper gibt dir wertvolle Hinweise für eine kluge Entscheidung.

Karte 47 „Bedürfniskarte"

Mandala: Denken-Impuls ◊ Denkimpuls

Äußere Farbe: ROT
Element: FEUER
Thema: **BEDÜRFNISSE**

Innere Farbe: GELB (hell)
Element: LUFT
Thema: **DENKIMPULS**
Astrologie: WAAGE (Luft, kardinal)

Innen im Außen: LUFT in FEUER
DENKEN bezüglich deiner BEDÜRFNISSE

Zu deiner Frage: schau dir aufkeimende Denkimpulse in Bezug auf deine Bedürfnisse an

Astrologie:
Waagequalität bezüglich deiner Bedürfnisse

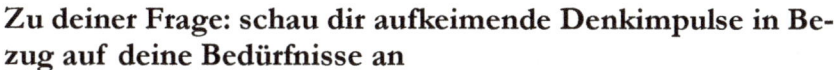

Praktisches Beispiel

Wie kann ich meine Zeit besser managen?

Du möchtest wissen, wie du deine Zeit besser managen kannst und ziehst die Karte 47. Sie spricht von einem **Denkimpuls** – das bedeutet, dass die Antworten auf deine Frage mentaler Art sind. Wo verschwendest du Zeit? Bei welchen Themen vertagst du sie immer wieder?
Verfasse eine Liste von all deinen üblichen Tätigkeiten mit Zeitangabe. Priorisiere diejenigen, die deinen **Bedürfnissen** am meisten entsprechen. Schau dir an bei welchen Aktivitäten Unterbrechungen und Verschiebungen am öftesten auftreten und welche du eventuell delegieren könntest.

Karte 48 „Bedürfniskarte"

Mandala: Fühlen-Prozess ◊ Gefühlsprozess

Äußere Farbe: ROT
Element: FEUER
Thema: **BEDÜRFNISSE**

Innere Farbe: BLAU (satt)
Element: WASSER
Thema: **GEFÜHLSPROZESS**
Astrologie: Skorpion (Wasser, fix)

Innen im Außen: WASSER in FEUER
FÜHLEN bezüglich deiner BEDÜRFNISSE

Zu deiner Frage: schau dir Gefühlsprozesse in Bezug auf deine Bedürfnisse an

Astrologie:
Skorpionqualität bezüglich deiner Bedürfnisse

Praktisches Beispiel

Was kann ich tun, um alte Konflikte in meiner Familie zu heilen?

Du möchtest wissen, wie du alte Familienkonflikte lösen kannst und ziehst die Karte 48. Sie spricht von einem **emotionalen Prozess** – das bedeutet, dass Heilung nicht über Nacht geschieht, sondern sich über die Zeit entfaltet.
Schau dir deine **Bedürfnisse** an, jedoch auch die der anderen am Konflikt Beteiligten. Denke an den Konflikt, der dich beschäftigt. Welche Emotionen tauchen in dir auf? Gibt es Verletzungen, die nie angesprochen wurden? Kannst du einen ersten Schritt machen, um Brücken zu bauen? Deine Antwort liegt in deiner Bereitschaft, den Heilungsprozess bewusst zu beginnen.

Mandala: Wollen-Erkenntnis ◊ Willenserkenntnis

Äußere Farbe: ROT
Element: FEUER
Thema: **BEDÜRFNISSE**

Innere Farbe: ROT (dunkel)
Element: FEUER
Thema: **WILLENSERKENNTNIS**
Astrologie: SCHÜTZE (Feuer, veränderlich)

Innen im Außen: FEUER in FEUER
WOLLEN bezüglich deiner BEDÜRFNISSE

Zu deiner Frage: schau dir Willenseinsichten in Bezug auf deine Bedürfnisse an

Astrologie:
Schützequalität bezüglich deiner Bedürfnisse

Praktisches Beispiel

Welche Rolle spiele ich innerhalb meines Freundeskreises?

Du fragst dich, welche Rolle du in deinem Freundeskreis einnimmst und ziehst die Karte 49. Sie steht für eine **Erkenntnis** über deine eigenen Wünsche – das bedeutet, dass du bewusst hinterfragen solltest, wie du dich in Gruppen verhältst.
Denke an deine Freundschaften. Entspricht deine Rolle deinen **Bedürfnissen**? Bist du eher der Unterstützer, der Organisator, der Ruhepol oder der Abenteurer? Passt diese Rolle zu dir oder möchtest du dich anders einbringen? Erkenne, wie deine Dynamik mit anderen dein Wohlbefinden beeinflusst.

Mandala: Spüren-Impuls ◊ Spürimpuls

Äußere Farbe: ROT
Element: FEUER
Thema: **BEDÜRFNISSE**

Innere Farbe: GRÜN (hell)
Element: ERDE
Thema: **SPÜRIMPULS**
Astrologie: STEINBOCK (Erde, kardinal)

Innen im Außen: ERDE in FEUER
Körperliches SPÜREN bezüglich deiner BEDÜRFNISSE

Zu deiner Frage: schau dir aufkeimendes Spüren in Bezug auf deine Bedürfnisse an

Astrologie:
Steinbockqualität bezüglich deiner Bedürfnisse

Praktisches Beispiel

Wie kann ich gesünder leben?

Was kann ich tun, um meine Gesundheit zu verbessern? Du ziehst die Karte 50. Es geht diesbezüglich um deine **körperlichen Spürimpulse**, die bei gesundheitsgefährdenden Verhaltensweisen auftauchen, die du aber womöglich ignorierst, bagatellisierst oder rechtfertigst. Reagiert dein Körper mit Stresssymptomen oder bestimmten Emotionen?
Denke an deine gesundheitsgefährdenden **Bedürfnisse**, Gelüste und exzessive Genüsse. Welche körperlichen Reaktionen entstehen, wenn du dich mehr bewegst, Süchte zügelst oder gesünder isst? Dein Körper signalisiert dir, wo du ansetzen kannst, um deinem Ziel näher zu kommen. Du musst nur auf ihn hören.

Mandala: Denken-Prozess ◊ Denkprozess

<u>Äußere Farbe</u>: ROT
Element: FEUER
Thema: **BEDÜRFNISSE**

<u>Innere Farbe</u>: GELB (satt)
Element: LUFT
Thema: **DENKPROZESS**
Astrologie: WASSERMANN (Luft, fix)

<u>Innen im Außen</u>: LUFT in FEUER
DENKEN bezüglich deiner BEDÜRFNISSE

Zu deiner Frage: schau dir konkrete Denkprozesse in Bezug auf deine Bedürfnisse an

Astrologie:
Wassermannqualität bezüglich deiner Bedürfnisse

<u>Praktisches Beispiel</u>

<u>Welche vergangene Erfahrung beeinflusst mich noch heute?</u>

Du möchtest herausfinden, welche frühere Erfahrung dich noch heute beeinflusst, und ziehst die Karte 51. Sie steht für einen **Denk-Prozess** – das bedeutet, dass du dir deiner eigenen Vergangenheit bewusster werden solltest, um sie besser zu verstehen.
Denke an Situationen, in denen du dich emotional stark bewegt gefühlt hast. Wurden deine **Bedürfnisse** dabei arg missachtet? Welche? Gibt es Erlebnisse aus der Kindheit oder Jugend, die deine Erlebnisse und Entscheidungen bis heute beeinflussen? Wie haben sie dich geprägt? Werden sie deinen jetzigen Bedürfnissen gerecht?

Mandala: Fühlen-Erkenntnis ◊ Gefühlserkenntnis

Äußere Farbe: ROT
Element: FEUER
Thema: **BEDÜRFNISSE**

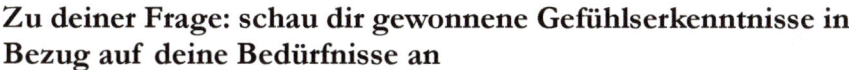

Innere Farbe: BLAU (dunkel)
Element: WASSER
Thema: **GEFÜHLSERKENNTNIS**
Astrologie: FISCHE (Wasser, veränderlich)

Innen im Außen: WASSER in FEUER
FÜHLEN bezüglich deiner BEDÜRFNISSE

Zu deiner Frage: schau dir gewonnene Gefühlserkenntnisse in Bezug auf deine Bedürfnisse an

Astrologie:
Fischequalität bezüglich deiner Bedürfnisse

Praktisches Beispiel

Wie kann ich meine Karriere auf das nächste Level bringen?

Du möchtest beruflich wachsen und ziehst die Karte 52. Sie spricht von einer **Erkenntnis auf emotionaler Ebene** – das bedeutet, dass der Schlüssel zu deinem Erfolg nicht nur in äußeren Handlungen, sondern auch in deinem inneren Empfinden liegt.
Spüre nach: Welche beruflichen Tätigkeiten entsprechen deinen **Bedürfnissen** und machen dich glücklich? Gibt es Ängste oder Zweifel, die dich bremsen? Deine nächste Karrierestufe beginnt mit dem Bewusstsein für das, was dich wirklich erfüllt.

Mandala: Wollen-Impuls ◊ Willensimpuls

Äußere Farbe: GRÜN
Element: ERDE
Thema: **GABEN/TATEN**

Innere Farbe: ROT (hell)
Element: FEUER
Thema: **WILLENSIMPULS**
Astrologie: WIDDER (Feuer, kardinal)

Innen im Außen: FEUER in ERDE
WOLLEN bezüglich deiner GABEN

Zu deiner Frage: schau dir aufkeimende Willensimpulse in Bezug auf deine Gaben (Tätigkeiten, Geschenke) an

Astrologie:
Widderqualität bezüglich deiner Taten

Praktisches Beispiel

Welche Lektion soll ich gerade in meinem Leben lernen?

Du möchtest wissen, welche Lektion du gerade in deinem Leben lernen sollst und du ziehst die Karte 53. Hier geht es um einen **Willens-Impuls**, das heißt eine innere Sehnsucht nach Entwicklung macht sich in dir bemerkbar. Dieser Impuls zeigt dir, dass du bereits spürst, wohin dein Weg führen könnte – vielleicht hast du ihn aber bisher ignoriert.
Halte einen Moment inne. Was zieht dich an? Was könntest du an Fähigkeiten herschenken, obwohl es dir vielleicht Schwierigkeiten bereitet? Deine Lektion könnte darin bestehen, dich bewusst damit auseinanderzusetzen, inwieweit du bereit bist selbstlose **Taten** zu vollbringen und welche Rolle sie in deinem Leben spielen.

Mandala: Spüren-Prozess ◊ Spürprozess

Äußere Farbe: GRÜN
Element: ERDE
Thema: **GABEN/TATEN**

Innere Farbe: GRÜN (satt)
Element: ERDE
Thema: **SPÜRPROZESS**
Astrologie: STIER (Erde, fix)

Innen im Außen: ERDE in ERDE
körperliches SPÜREN bezüglich deiner GABEN

Zu deiner Frage: erspüre deine Gaben (Tätigkeiten, Geschenke), auf allen Ebenen, über einen gewissen Zeitraum

Astrologie: Stierqualität bezüglich deiner Taten

Praktisches Beispiel

Welche Herausforderung steht mir beruflich bevor?

Du fragst dich, welche berufliche Herausforderung auf dich zukommt und ziehst die Karte 54. Sie spricht von einem **körperlichen Spürprozess** – das bedeutet, dass dein Körper dir durch Anspannung oder Entspannung zeigt, wo deine größte berufliche Herausforderung liegt.
Achte auf deine Körperreaktionen in deinem Arbeitsalltag. Wo fühlst du Druck? Wo weicht die Anspannung einer Erleichterung? Dein Körper zeigt dir, wo du hinschauen solltest. Welche persönlichen **Gaben** bringst du in den Sinn und die Bedeutung deiner Arbeit ein?

Mandala: Denken-Erkenntnis ◊ Denkerkenntnis

Äußere Farbe: GRÜN
Element: ERDE
Thema: **GABEN/TATEN**

Innere Farbe: GELB (dunkel)
Element: LUFT
Thema: **DENKERKENNTNIS**
Astrologie: ZWILLING (Luft, veränderlich)

Innen im Außen: LUFT in ERDE
DENKEN bezüglich deiner GABEN

Zu deiner Frage: schau dir gewonnene Denkerkenntnisse in Bezug auf deine Gaben (Tätigkeiten/Geschenke) an

Astrologie: Zwillingsqualität bezüglich deiner Taten

Praktisches Beispiel

Was ist meine wahre Berufung?

Du möchtest herausfinden, was deine wahre Berufung ist und du ziehst die Karte 55. Sie spricht von einer **Erkenntnis auf gedanklicher Ebene** – das bedeutet, dass die Antwort bereits in dir vorhanden ist, du sie dir aber noch nicht klar genug gemacht hast.
Überlege: Was tust du mit Leichtigkeit, was anderen schwerfällt? Welche **Tätigkeiten** lassen dich die Zeit vergessen? Deine Berufung zeigt sich oft dort, wo deine Talente auf etwas treffen, das dich inspiriert. Denke nicht nur an klassische Berufe – sondern an das, was dich wirklich erfüllt.

Mandala: Fühlen-Impuls ◊ Gefühlsimpuls

Äußere Farbe: GRÜN
Element: ERDE
Thema: **GABEN/TATEN**

Innere Farbe: BLAU (hell)
Element: WASSER
Thema: **GEFÜHLSIMPULS**
Astrologie: KREBS (Wasser, kardinal)

Innen im Außen: WASSER in ERDE
FÜHLEN bezüglich deiner GABEN

Zu deiner Frage: schau dir aufkommende Gefühlsimpulse in Bezug auf deine Gaben (Tätigkeiten/Geschenke) an

Astrologie: Krebsqualität bezüglich deiner Taten

Praktisches Beispiel

Welche Blockaden sollte ich loslassen, um voranzukommen?

Du möchtest wissen, welche Blockaden du loslassen solltest, um weiterzukommen und ziehst die Karte 56. Hier geht es um einen **emotionalen Impuls** – also eine spontane Reaktion auf etwas, das dich zurückhält.
Schließe die Augen und denke an eine Herausforderung, die dich beschäftigt. Was könnten sinnvolle **Gaben/Taten** deinerseits sein? Welche Gefühle steigen spontan in dir auf? Ist es Angst, Unsicherheit oder das Bedürfnis nach Sicherheit? Deine erste Reaktion zeigt dir, woran du festhältst. Manchmal genügt es, diesen Impuls bewusst wahrzunehmen, um zu erkennen, dass du ihn loslassen kannst.

Mandala: Wollen-Prozess ◊ Willensprozess

Äußere Farbe: GRÜN
Element: ERDE
Thema: **GABEN/TATEN**

Innere Farbe: ROT (satt)
Element: FEUER
Thema: **WILLENSPROZESS**
Astrologie: LÖWE (Feuer, fix)

Innen im Außen: FEUER in ERDE
WOLLEN bezüglich deiner GABEN

Zu deiner Frage: schau dir laufende Willensentscheidungen in Bezug auf deine Gaben (Tätigkeiten/Geschenke) an

Astrologie: Löwequalität bezüglich deiner Taten

Praktisches Beispiel

Welche unbewussten Muster beeinflussen meine Entscheidungen?

Du fragst dich, welche unbewussten Muster deine Entscheidungen beeinflussen und ziehst die Karte 57. Hier ist von einem **Willens-Prozess** die Rede – das bedeutet, dass deine Wünsche und Ziele oft durch alte Erfahrungen geprägt werden.
Denke an eine Entscheidung, die du getroffen hast, ohne lange darüber nachzudenken. War sie wirklich frei, oder hast du sie getroffen, weil „man es so macht" oder du es schon immer so getan hast? Muster entstehen über Jahre und beeinflussen unser **Handeln**. Beobachte deine Entscheidungen bewusst, um zu erkennen, wo du noch an alten Mustern festhängst.

Karte 58 „Gabenkarte"

Mandala: Spüren-Erkenntnis ◊ Spürerkenntnis

Äußere Farbe: GRÜN
Element: ERDE
Thema: **GABEN/TATEN**

Innere Farbe: GRÜN (dunkel)
Element: ERDE
Thema: **SPÜRERKENNTNIS**
Astrologie: JUNGFRAU (Erde, veränderlich)

Innen im Außen: ERDE in ERDE
Körperliches SPÜREN bezüglich deiner GABEN

Zu deiner Frage: schau dir Spürerkenntnisse in Bezug auf deine Gaben (Tätigkeiten/Geschenke) an

Astrologie: Jungfrauqualität bezüglich deiner Taten

Praktisches Beispiel

Was kann ich in Zukunft Sinnvolles tun?

Deine Frage betrifft sinnvolle Taten, die du vollbringen willst. Du ziehst die Karte 58. Es geht dabei um **körperliche Spürerkenntnisse**. Der Körper weiß etwas, das du erst erkennen musst. Er ist bereit, dir dabei behilflich zu sein.
Nimm dir einen Augenblick Zeit, um dich an einen ruhigen Ort zurückzuziehen. Setz dich hin und versuche Gedanken und Gefühle vorbeiziehen zu lassen. Lausche dann auf das, was dein Körper dir mitteilen will. Spüre es. Sei bereit es nicht nur wahrzunehmen, sondern der Erkenntnis auch sinnvolle **Taten** folgen zu lassen.

Mandala: Denken-Impuls ◊ Denkimpuls

Äußere Farbe: GRÜN
Element: ERDE
Thema: **GABEN/TATEN**

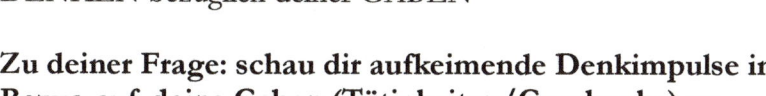

Innere Farbe: GELB (hell)
Element: LUFT
Thema: **DENKIMPULS**
Astrologie: WAAGE (Luft, kardinal)

Innen im Außen: LUFT in ERDE
DENKEN bezüglich deiner GABEN

Zu deiner Frage: schau dir aufkeimende Denkimpulse in Bezug auf deine Gaben (Tätigkeiten/Geschenke) an

Astrologie: Waagequalität bezüglich deiner Taten

Praktisches Beispiel

Wie kann ich spirituell wachsen, indem ich die Verbindung zu mir selbst stärke?

Du möchtest dein spirituelles Wachstum fördern und ziehst die Karte 59. Hier ist von einem **Denk-Impuls** die Rede – das bedeutet, dass dein Wachstum durch einen neuen Gedanken, eine neue Perspektive oder eine unerwartete Erkenntnis angestoßen wird.
Gibt es ein Thema oder eine Frage, die dich in letzter Zeit beschäftigt? Vielleicht hast du ein Buch, einen Film oder ein Gespräch erlebt, das dich nicht loslässt? Dieser Impuls zeigt dir, dass dein Wachstum bereits begonnen hat – folge der Spur, die sich für dich richtig anfühlt und lasse ihr konkrete **Taten** deinerseits folgen.

Mandala: Fühlen-Prozess ◊ Gefühlsprozess

Äußere Farbe: GRÜN
Element: ERDE
Thema: **GABEN/TATEN**

Innere Farbe: BLAU (satt)
Element: WASSER
Thema: **GEFÜHLSPROZESS**
Astrologie: Skorpion (Wasser, fix)

Innen im Außen: WASSER in ERDE
FÜHLEN bezüglich deiner GABEN

Zu deiner Frage: schau dir Gefühlsprozesse in Bezug auf deine Gaben (Tätigkeiten/Geschenke) an

Astrologie: Skorpionqualität bezüglich deiner Taten

Praktisches Beispiel

Wie kann ich wahre Freundschaften von oberflächlichen unterscheiden?

Du fragst dich, woran du wahre Freundschaften erkennen kannst, und ziehst die Karte 60. Hier geht es um einen **emotionalen Prozess** – das bedeutet, dass sich die Antwort nicht auf eine einzelne Situation beschränkt, sondern sich über die Zeit offenbart.
Denke an die Menschen in deinem Umfeld. Wer ist auch dann für dich da, wenn es schwierig wird? Wer interessiert sich wirklich für dich, ohne eine Gegenleistung zu erwarten? Wahre Freundschaften zeigen sich nicht in einem Moment, sondern in einem stetigen Prozess der gegenseitigen Unterstützung. **Gaben und Taten** beiderseits.

Mandala: Wollen-Erkenntnis ◊ Willenserkenntnis

Äußere Farbe: GRÜN
Element: ERDE
Thema: **GABEN/TATEN**

Innere Farbe: ROT (dunkel)
Element: FEUER
Thema: **WILLENSERKENNTNIS**
Astrologie: SCHÜTZE (Feuer, veränderlich)

Innen im Außen: FEUER in ERDE
WOLLEN bezüglich deiner GABEN

Zu deiner Frage: schau dir Willenseinsichten in Bezug auf deine Gaben (Tätigkeiten/Geschenke) an

Astrologie: Schützequalität bezüglich deiner Taten

Praktisches Beispiel

Was kann ich tun, um eine engere Verbindung zu meinem Partner aufzubauen?

Du möchtest eine engere Verbindung zu deinem Partner oder deiner Partnerin aufbauen und ziehst die Karte 61. Hier geht es um eine **Erkenntnis** im Bereich des **Willens** – das bedeutet, dass du bewusst hinterfragen solltest, was du dir in der Partnerschaft wirklich wünschst.
Nimm dir Zeit, über deine Beziehung nachzudenken. Wo fehlt euch Tiefe? In Gesprächen, im gemeinsamen Erleben, in der Nähe? Oft entsteht eine tiefere Verbindung nicht durch große Gesten, sondern durch ehrliches Interesse und echte Präsenz. Welche von deinen Talenten kannst du als **Gaben** in die Beziehung einbringen?

Mandala: Spüren-Impuls ◊ Spürimpuls

Äußere Farbe: GRÜN
Element: ERDE
Thema: **GABEN/TATEN**

Innere Farbe: GRÜN (hell)
Element: ERDE
Thema: **SPÜRIMPULS**
Astrologie: STEINBOCK (Erde, kardinal)

Innen im Außen: ERDE in ERDE
Körperliches SPÜREN bezüglich deiner GABEN

Zu deiner Frage: schau dir aufkeimendes Spüren in Bezug auf deine Gaben (Tätigkeiten/Geschenke) an

Astrologie: Steinbockqualität bezüglich deiner Taten

Praktisches Beispiel

Welche Herausforderung könnte für mich lehrreich sein?

Du fragst dich, von welcher Herausforderung du was lernen könntest und ziehst die Karte 62. Sie spricht von einem **körperlichen Spürimpuls** – das bedeutet, dass dein Körper dir direkt signalisiert, in welcher Richtung du suchen sollst.
Achte darauf, wie er sich in bestimmten Situationen verhält. Wann spürst du Unruhe oder Druck? Wann weicht diese Anspannung einer Erleichterung? Deine erste körperliche Reaktion zeigt dir, welches Thema für dich gerade eine wertvolle Lektion bereithält, welche du in sinnvollen **Gaben** konkretisieren kannst.

Mandala: Denken-Prozess ◊ Denkprozess

Äußere Farbe: GRÜN
Element: ERDE
Thema: **GABEN/TATEN**

Innere Farbe: GELB (satt)
Element: LUFT
Thema: **DENKPROZESS**
Astrologie: WASSERMANN (Luft, fix)

Innen im Außen: LUFT in ERDE
DENKEN bezüglich deiner GABEN

Zu deiner Frage: schau dir konkrete Denkprozesse in Bezug auf deine Gaben (Tätigkeiten/Geschenke) an

Astrologie: Wassermannqualität bezüglich deiner Taten

Praktisches Beispiel

Welche verborgene Eigenschaft in mir sollte ich noch mehr fördern?

Du möchtest wissen, welche verborgene Eigenschaft du mehr fördern solltest und ziehst die Karte 63. Hier geht es um einen **Denk-Prozess** – das bedeutet, dass du dich bewusst mit dir selbst auseinandersetzen solltest.
Überlege, welche Eigenschaften andere Menschen in dir sehen, die du selbst vielleicht unterschätzt. Gibt es etwas, das du immer als selbstverständlich angesehen hast, das aber eigentlich eine große Stärke ist? Dein Prozess beginnt mit der bewussten Wahrnehmung dessen, was bereits in dir steckt und was du in **Taten** umsetzen kannst. Welche könnten das sein?

Mandala: Fühlen-Erkenntnis ◊ Gefühlserkenntnis

Äußere Farbe: GRÜN
Element: ERDE
Thema: **GABEN/TATEN**

Innere Farbe: BLAU (dunkel)
Element: WASSER
Thema: **GEFÜHLSERKENNTNIS**
Astrologie: FISCHE (Wasser, veränderlich)

Innen im Außen: WASSER in ERDE
FÜHLEN bezüglich deiner GABEN

Zu deiner Frage: schau dir gewonnene Gefühlserkenntnisse in Bezug auf deine Gaben (Tätigkeiten/Geschenke) an

Astrologie: Fischequalität bezüglich deiner Taten

Praktisches Beispiel

Was sind meine Schwächen?

Deine Frage nach deinen Schwächen veranlasst dich, die Karte 64 zu ziehen. Hier geht es um **Erkenntnisse**, die sich mittels deiner **Gefühle** und deiner Herzensebene zeigen. Das Element Wasser spielt dabei eine Rolle.
Wo sabotierst du dich selbst und gibst nicht das Beste von dir?
Dein Gefühlszentrum weiß, wie du all deine Potentiale in Geschenke für die Menschheit, das Leben und dich selbst umsetzen kannst. Höre auf diese Erkenntnisse und lasse ihnen **Taten** folgen. Höre auch auf das, was deine Freunde diesbezüglich fühlen. Reiße die inneren Dämme ein, lass die Gefühle fließen und gib dich dem wahren Leben hin.

Eigenschaften und Zuordnungen der
TIERKREISZEICHEN

WIDDEReigenschaften:
abenteuerlustig, angriffslustig, aufbrausend, ausdauernd, begeisterungsfähig, belastbar, bestimmt, direkt, dominant, draufgängerisch,
durchsetzungsstark, dynamisch, egoistisch, ehrlich, ehrgeizig, energisch, entschlossen, extrovertiert, freimütig, fröhlich, hastig, idealistisch, impulsiv, inspirierend, jähzornig, kämpferisch, kraftvoll,
kreativ, leidenschaftlich, mutig, offen, reizbar, rücksichtslos, scharf-
sinnig, schnell, selbständig, selbstbewusst, selbstsicher, spontan, tatkräftig, unabhängig, unberechenbar, unermüdlich, ungeduldig,
unkompliziert, unruhig, unternehmungslustig, visionär, willensstark,
zielstrebig, zupackend.

Widderzuordnungen:
<u>Qualität</u>: kardinal; <u>Planet</u>: Mars; <u>Farbe</u>: hellrot, blutrot;
<u>Körperteile</u>: Kopf, Augen, Nase, Ohren, Mund;
<u>Charakteristik</u>: Persönlichkeit, Messer, Waffen, schnelle Autos.

STIEReigenschaften:
aufnahmefähig, ausdauernd, ausgeglichen, bedächtig, besitzergrei-
fend, besonnen, beschützend, beständig, bequem, bodenständig, eigenwillig, eifersüchtig, engstirnig, geduldig, geizig, gelassen,
gemütlich, genügsam, genussvoll, gewissenhaft, großmütig, gründlich, intolerant, konservativ, loyal, materialistisch, misstrauisch, nach-
sichtig, naturverbunden, neidisch, passiv, pedantisch, praktisch,
realistisch, ruhig, sachlich, selbstbewusst, sensibel, sicherheitsbedürf-
tig, sinnlich, solide, stur, traditionell, träge, treu, warmherzig, vorsichtig, zufrieden, zuverlässig.

Stierzuordnungen:
<u>Qualität</u>: fix; <u>Planet</u>: Venus; <u>Farbe</u>: saftgrün, braun;
<u>Körperteile</u>: Hals, Kehle, Nacken, Rachen, Kehlkopf, Venensystem;
<u>Charakteristik</u>: Selbstwert, Geld, Vermögen, Absicherung, Genuss.

ZWILLINGSeigenschaften:

anpassungsfähig, beeinflussbar, betriebsam, beweglich, charmant, distanziert, flatterhaft, flexibel, fröhlich, freundlich, gesellig, heiter, immer unterwegs, intelligent, jugendlich, klug, kommunikativ, kontaktfreudig, kreativ, lebhaft, leichtfertig, liebenswürdig, nervös, neugierig, oberflächlich, objektiv, offen, ruhelos, sachlich, schnell, selbstgefällig, stressanfällig, tolerant, überzeugend, unehrlich, ungeduldig, unzuverlässig, verständnisvoll, vielseitig, vorurteilslos, weitschweifig, wendig, wissbegierig, zerstreut, zielstrebig.

Zwillingszuordnungen:

Qualität: veränderlich; Planet: Merkur; Farbe: postgelb;
Körperteile: Schulter, Achseln, Arme, Hände, Finger;
Charakteristik: Kommunikation, Bücher, Nachrichten, kurze Reisen, Austausch, Geschwindigkeit, Schule, Geschwister.

KREBSeigenschaften:

ängstlich, anschmiegsam, ausdauernd, bedacht, beeinflussbar, bescheiden, beständig, einfühlsam, emotional, empfindlich, empfindsam, entschlossen, familiär, freundlich, fröhlich, fürsorglich, gefühlvoll, gutmütig, hilfsbereit, intuitiv, kindlich, klug, labil, launenhaft, liebenswürdig, methodisch, mitfühlend, mütterlich, passiv, phantasievoll, planvoll, sanftmütig, sensibel, sentimental, sicherheitsliebend, sparsam, stimmungsabhängig, unselbständig, überbeschützend, übersensibel, verletzlich, verständnisvoll, verträglich, verträumt, widerstandsfähig, zielbewusst, zurückhaltend.

Krebszuordnungen:

Qualität: kardinal; Planet: Mond; Farbe: silbern, eierschalenweiß;
Körperteile: Brustbereich, Lungen, Magen, Gebärmutter;
Charakteristik: Zuhause, Familie, Geborgenheit, Schutz, Emotionen, inneres Kind, Erinnerungen, Wurzeln.

LÖWEeigenschaften:

arrogant, begeisterungsfähig, beharrlich, beschützend, charmant, dominant, dynamisch, eigensinnig, energievoll, entschlossen, extrovertiert, feurig, führungsstark, gefallsüchtig, gerecht, großmütig, großspurig, großzügig, herrschsüchtig, herzlich, intolerant, kraftvoll, kreativ, lebensfreudig, leidenschaftlich, liebenswürdig, mutig, natürlich, offen, optimistisch, risikofreudig, schöpferisch, selbständig, selbstbewusst, selbstherrlich, selbstsicher, stolz, strahlend, stur, tatkräftig, treu, überheblich, unberechenbar, unerschrocken, verletzend, verschwenderisch, verspielt, vital, warmherzig, wettbewerbsfreudig, willensstark, würdevoll.

Löwezuordnungen:

Qualität: fix; Planet: Sonne; Farbe: golden, orange;
Körperteile: Herz, Rücken;
Charakteristik: König, Herz, Mut, Bühne, Selbstausdruck, Stolz, Vitalität, Lebensfreude, Spaß, Kinderliebe, Kreativität, Freizeit.

JUNGFRAUeigenschaften:

ängstlich, analytisch, arbeitsam, aufmerksam, behutsam, beobachtend, bescheiden, ehrlich, exakt, fleißig, flexibel, fürsorglich, geordnet, geschickt, gesundheitsorientiert, gründlich, hypochondrisch, intelligent, intolerant, kleinlich, klug, kritisch, kühl, lernbegierig, logisch, methodisch, misstrauisch, nörgelnd, objektiv, ordnungsliebend, organisiert, pedantisch, perfektionistisch, pflichtbewusst, praktisch, rational, realistisch, rechthaberisch, sachbezogen, sorgfältig, sparsam, strukturiert, überlegt, unzufrieden, verklemmt, vernünftig, vielseitig, zielstrebig, zurückhaltend, zuverlässig.

Jungfrauzuordnungen:

Qualität: veränderlich; Planet: Merkur; Farbe: lindgrün, hellbraun;
Körperteile: Verdauungssystem, Darm, Bauch, Eingeweide;
Charakteristik: Ordnung, Präzision, Arbeit, Pragmatismus, Gesundheit, Heilung, Dienstleistung, Disziplin, Analyse, Kritik, Vernunft, Vorsicht.

WAAGEeigenschaften:

anmutig, arrogant, ausgewogen, ausgleichend, bequem, charmant, diplomatisch, Du-orientiert, ehrlich, eitel, empfindlich, fair, freundlich, friedliebend, fröhlich, geistvoll, gerecht, gesellig, harmoniebedürftig, harmonieorientiert, heuchlerisch, höflich, intelligent, konfliktscheu, kontaktfähig, kultiviert, leichtgläubig, mitfühlend, oberflächlich, optimistisch, phantasievoll, rücksichtsvoll, sensibel, schmeichelnd, sinnlich, strategisch, taktvoll, überangepasst, umgänglich, unentschlossen, vage, verbindungsfähig, verletzlich, vermittelnd, verständnisvoll, warmherzig, wechselhaft.

Waagezuordnungen:

Qualität: kardinal; Planet: Venus; Farbe: blaugrau, blaugrün, hellblau; Körperteile: Nieren, Lenden, Harnleiter, Blase; Charakteristik: enge Partnerschaft, Harmonie, Gerechtigkeit, Frieden, Rücksicht, Diplomatie, Ästhetik, Partnerschaft, Liebe, Hochzeit, Ehe, Ausgleich, Schönheit, Kunst.

SKORPIONeigenschaften:

analysierend, ausdauernd, belastbar, bewahrend, engagiert, ehrgeizig, eifersüchtig, eigenwillig, entschlossen, fleißig, forschend, furchtlos, geheimnisvoll, gerissen, grübelnd, instinktiv, intensiv, jähzornig, kompromisslos, kraftvoll, kreativ, leidenschaftlich, loyal, machtgierig, magisch, manipulierend, misstrauisch, mutig, mysteriös, mystisch, nachtragend, rachsüchtig, rechthaberisch, sarkastisch, selbstkritisch, skrupellos, tiefschürfend, , unergründlich, unerschrocken, unversöhnlich, verbissen, widerstandsfähig, willensstark, zäh, zielstrebig.

Skorpionzuordnungen:

Qualität: fix; Planet: Pluto; Farbe: granatrot, giftgrün, schwarz-weiß; Körperteile: Genitalien, Fortpflanzungssystem, Ausscheidungsorgane, Harnröhre, Schamregion, Gebärmutter, Penis; Charakteristik: Transformation, Intensität, Macht, Fanatismus, Geheimnisse, das Okkulte, tiefe Emotionen, das Geld anderer Menschen, Leidenschaft, Sex, Krise, Tod, Kontrolle, Tabus.

SCHÜTZEeigenschaften:

aktiv, angeberisch, aufgeschlossen, begeisternd, belehrend, beweglich, dynamisch, direkt, ehrlich, eigensinnig, energisch, ergebnisorientiert, extrovertiert, fanatisch, feurig, freigeistig, freiheitsliebend, freizügig, großspurig, großzügig, hochstaplerisch, idealistisch, inspirierend, intuitiv, lebensbejahend, maßlos, missionarisch, neugierig, offen, optimistisch, philosophisch, realitätsfremd, reizbar, schlagfertig, selbstbewusst, sinnorientiert, spontan, temperamentvoll, übertreibend, überzeugend, vielseitig, wahrheitsliebend, weitblickend, weltoffen, wissensbegierig, zielstrebig, zukunftsorientiert.

Schützezuordnungen:

Qualität: veränderlich; Planet: Jupiter; Farbe: violett, königsblau, tiefes Gelb;
Körperteile: Hüften, Oberschenkel, Leber;
Charakteristik: Freiheit, Weisheit, Philosophie, Universitäten, Überzeugungen, Glaube, Religion, Großzügigkeit, Fernreisen, fremde Länder, Horizonterweiterung, Recht, Expansion, Sinnsuche, Optimismus.

STEINBOCKeigenschaften:

ausdauernd, autoritär, beharrlich, belastbar, bescheiden, bodenständig, diszipliniert, ehrgeizig, engstirnig, ernst, geduldig, geizig, gradlinig, gründlich, grundsatztreu, hartnäckig, ideenreich, konservativ, kontrolliert, konzentriert, loyal, nachdenklich, ordentlich, pedantisch, pessimistisch, pragmatisch, professionell, realistisch, regelkonform, sachlich, selbstkritisch, starrköpfig, strategisch, traditionsbewusst, treu, trocken, überstrukturiert, ungesellig, unnachgiebig, unnahbar, verantwortungsbewusst, vernünftig, vorsichtig, zuverlässig.

Steinbockzuordnungen:

Qualität: kardinal; Planet: Saturn; Farbe: dunkelblau, schwarz, braun;
Körperteile: Knochen, Gelenke, Zähne, Haut, Knie;
Charakteristik: Disziplin, Fleiß, Pflicht, Respekt, Verantwortung, Struktur, Behörden, Beamte, Gesetze, Richter, Beständigkeit,

Weisheit, Lehrer, Meisterschaft, hohes Alter, Tradition, Zeit, Tod, Arbeit, Hierarchie, Führung, gesellschaftlicher Status, Berufslaufbahn.

WASSERMANNeigenschaften:

aufgeschlossen, aufrichtig, charismatisch, distanziert, eigenbrötlerisch, eigenwillig, einfallsreich, erfinderisch, extravagant, exzentrisch, fortschrittlich, freigeistig, freiheitsliebend, freundschaftlich, gesellig, gleichberechtigt, hilfsbereit, ideenreich, individualistisch, kühl, mitreißend, optimistisch, originell, positiv, prinzipientreu, rebellisch, revolutionär, reformbestrebt, schöpferisch, snobistisch, sozial gesinnt, speziell, stur, tolerant, unabhängig, ungeduldig, unkonventionell, unnahbar, unterhaltsam, unverbindlich, unvoreingenommen, utopisch, vielseitig, visionär, vorurteilslos, wechselhaft, willensstark, zukunftsorientiert.

Wassermannzuordnungen:

Qualität: fix; Planet: Uranus; Farbe: eisblau, türkis;
Körperteile: Unterschenkel, Waden, Schienbeine, Blutzirkulation, Zentralnervensystem;
Charakteristik: Rebell, Unkonventionalität, Unternehmer, Wissen, Freiheit, Wachstum, Bekanntschaften, soziale Kontakte.

FISCHEeigenschaften:

anpassungsfähig, empathisch, flexibel, flüchtig, hilfsbereit, inspirierend, intuitiv, kreativ, lenkbar, mitfühlend, mystisch, nachdenklich, romantisch, schüchtern, selbstlos, sentimental, sensibel, spirituell, überemotional, uneigennützig, unentschlossen, unrealistisch, verträumt, verständnisvoll.

Fischezuordnungen:

Qualität: veränderlich; Planet: Neptun; Farbe: algengrün, rosa;
Körperteile: Füße, Zehen, Sohlen, Fersen;
Charakteristik: Intuition, Träume, das Unbewusste, Abgeschiedenheit, geheime Angelegenheiten.

PRAKTISCHE UMSETZUNG

Der Fünf-Wege-Pfad
der Mensch-Werdung

Weniger mechanisches, reaktives EGO!
- ICH BIN BEWUSST und ICH
AGIERE aus meinem inneren Kern -

Workshops und Treffen mit Alfred Groff

In Deutsch / Französisch / Englisch

Organisation:
Mäin Transpersonale Käer, Luxemburger Gesellschaft für Transpersonale Psychologie a.s.b.l.

157

Was erwartet mich?

Dem unbewussten und reaktiven Leben, unter dem Impuls meines „Egos", weniger ausgesetzt sein. Ausbrechen aus dem Teufelskreis der oft unbefriedigenden Gewohnheiten.

Mehr „Ich-Selbst": Innerlich hören und erfahren, was mein wahrer individueller **Wille** ist, der mit dem transpersonalen Willen, dem Sinn meines Lebens, übereinstimmt. Mehr Konsistenz, Stärke und Festigkeit. Mehr Fähigkeit, instinktiven Impulsen zu widerstehen, ohne sie zu verdrängen. Mehr Verbindung und empathische **Kooperation** mit meinen Mitmenschen.

Aus der Vergangenheit nur das zurückbehalten, was mir für meine zukünftigen Pläne nützlich sein kann. Mich von dem befreien, was mir aufgezwungen wurde, und inneren Raum schaffen, damit sich die **Kreativität** in mir ausdrücken kann. An meiner Entwicklung auf allen Ebenen arbeiten - körperlich, intellektuell, emotional, motivational und spirituell - um von der Passivität oder der Hektik des Alltags zur Beobachtung, zum höheren **Bewusstsein** zu gelangen.

Die "**Karte der fünf menschlichen Wege**" dient dazu, meine Möglichkeiten zu bewerten, indem ich mir bei meinen Erfahrungen einen Moment der Ruhe gönne und dann so handle, dass die universellen Energien, die Liebe, das Licht und die kreativen Informationen mich auf natürliche Weise auf meinem Weg zu meiner individuellen und universellen Erfüllung nähren.

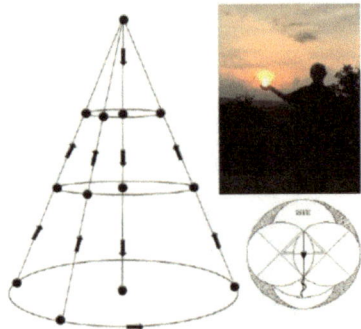

Ein undifferenziertes Innenleben durch ein klares, bewusstes Selbst ersetzen, das meine Unterpersönlichkeiten und inneren Stimmen unterscheiden und leiten kann. Wenn sich zum Beispiel meine Emotionen als Traurigkeit zeigen, sollte ich nicht als Ganzes traurig sein, sondern meine anderen Facetten nutzen, um diese Emotion besser zu integrieren. Akzeptieren, was ist, ohne innere Identifikationen oder äußere Projektionen. Lernen, alle Möglichkeiten einer Situation zu sehen und dann frei und bewusst die positivste für mein Vorankommen zu wählen in Richtung der „**Zukunft, die mich ruft**".

158

Eine Erfahrung im **Energiefeld einer Gruppe** in einem bequemen, sicheren, energetisch anregenden Raum des Respekts, der Liebe und des Nicht-Urteilens machen, angereichert durch verschiedene Techniken wie Entspannung, Meditation, Zuhören, innere und äußere Beobachtung, Reflexion, Atmung, Klärung, Spiele und Rituale, Tanz, Bewegung, Umarmungen, Zeichnungen, Klänge, Musik, Naturerleben, Austausch ... um Körper, Seele und Geist zu fördern.

Alfred Groff (Dr. phil.), transpersonaler Psychologe, zertifizierter Psychotherapeut in Luxemburg und Autor (www.alfredgroff.com).

Über 40 Jahre Erfahrung in den psycho-spirituellen Bereichen der positiven und integralen Psychologie. Inspiriert von dem Vierten Weg, der Humanistischen und Transpersonalen Psychologie, der Bioenergetik, der Initiatischen Therapie, dem Personenzentrierten Ansatz, der Provokativen Therapie, der Sozialen Dreigliederung, dem Erweiterten Kunstbegriff, der Dynamischen Meditation ...

Vorsitzender der „Luxemburger Gesellschaft für Transpersonale Psychologie" (https://www.mtk.lu), ehemaliger Vorsitzender der „Luxemburger Gesellschaft für Klinische Psychologie und Psychotherapie". Autor von zehn Büchern über das Menschsein, mit folgendem Hauptthema: gleichzeitig leben 1. als Bürger in der Gesellschaft (soziale Dimension: Frieden und Zusammenarbeit), 2. als Individuum, das sein Potenzial entwickelt (psychologische Dimension: Gesundheit und Freude) und 3. als eine Zelle des Absoluten / der Einheit (spirituelle Dimension: Sinn des Lebens und Positivität). Das Arbeitsmodell ist dasjenige des „FÜNF-WEGE-PFADes":
https://www.youtube.com/watch?v=sO4bCN6_hyg

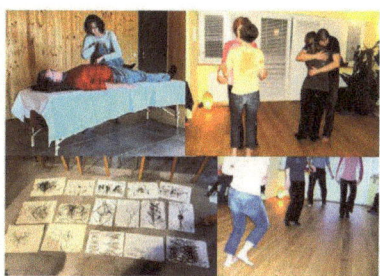

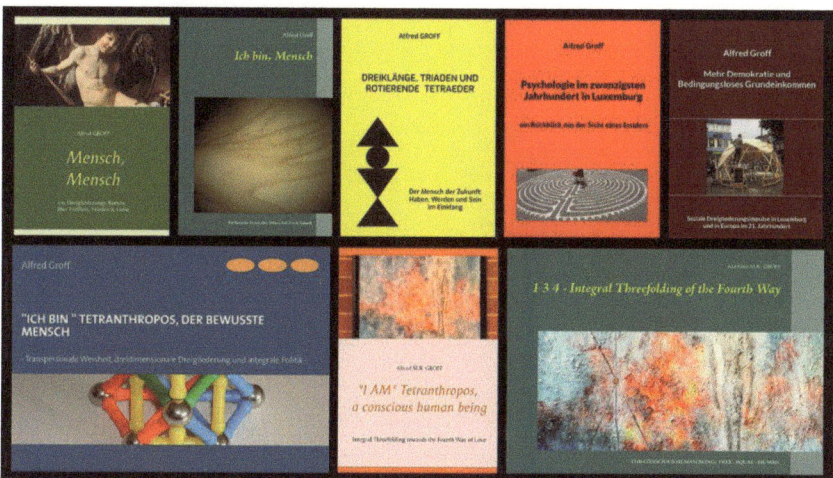

Wir wünschen dir viele nützliche Antworten auf deine Lebens- und Sinnfragen und viel Freude mit diesen Karten.

ooo

Einen herzlichen Dank an Gertrude, Karla, Nicole und Paul für die Verbesserungsvorschläge und Anregungen.